reinhardt

W0416895

Inklusive Grundschule konkret

Thomas Müller

Kinder mit auffälligem Verhalten unterrichten

Fundierte Praxis in der inklusiven Grundschule

Mit 6 Abbildungen

Ernst Reinhardt Verlag München

Priv.-Doz. Dr. *Thomas Müller* lehrt und forscht am Lehrstuhl Pädagogik bei Verhaltensstörungen an der Universität Würzburg.

Außerdem im Ernst Reinhardt Verlag erschienen:

Müller, T., Temper, A.: Pädagogisch arbeiten mit Bilderbüchern
(2018, ISBN 978-3-497-02759-0)

Koch, K., Jungmann, T.: Kinder mit geistiger Behinderung unterrichten
(2017, ISBN 978-3-497-02720-0)

Lüdtke U. M., Stitzinger, U.: Kinder mit sprachlichen Beeinträchtigungen unterrichten
(2017, ISBN 978-3-497-02721-7)

Bibliografische Information der Deutschen Nationalbibliothek

Die Deutsche Nationalbibliothek verzeichnet diese Publikation in der Deutschen Nationalbibliografie; detaillierte bibliografische Daten sind im Internet über <http://dnb.d-nb.de> abrufbar.
ISBN 978-3-497-02804-7 (Print)
ISBN 978-3-497-61028-0 (PDF-E-Book)
ISBN 978-3-497-61059-4 (EPUB)

Printed in EU
Cover unter Verwendung eines Fotos von © iStock.com/BraunS
Satz: Sabine Ufer, Leipzig

Ernst Reinhardt Verlag, Kemnatenstr. 46, D-80639 München
Net: www.reinhardt-verlag.de E-Mail: info@reinhardt-verlag.de

Inhalt

Hinweise zur Verwendung der Icons

Achtung!

Beispiel

Definition

Literatur- und Websiteempfehlung

Methode / Übung / Spiel

Tipp

Vorwort

Gut zehn Jahre war ich an einer bayerischen Schule zur Erziehungshilfe tätig, bevor ich an den Lehrstuhl Pädagogik bei Verhaltensstörungen der Universität Würzburg wechselte. Meine Schüler habe ich dabei nicht vergessen. Ganz im Gegenteil: Sie begleiten mich durch Vorlesungen und Seminare, und tragen mit ihren Lebensgeschichten dazu bei, dass Studenten für ihre berufliche Zukunft lernen können.

Als Sonderschullehrer halte ich viele Fortbildungen für Kolleginnen und Kollegen aller Schularten und versuche, dazu beizutragen, dass es ihnen gelingt, ihren „auffälligen" Kindern nach Möglichkeit gerecht zu werden, Unterricht zu gestalten, und nicht nur irgendwie „rumzubringen", Schüler zu bestrafen oder permanent aus dem Klassenzimmer zu verbannen.

Ein Buch wie das vorliegende zu verfassen, ist daher eine logische Konsequenz aus meiner bisherigen Arbeit. Verhalten und Erleben von Kindern, die sich selbst oft weder verstehen noch verständlich machen können, in dem verstehbarer zu machen, was sie beschäftigt und belastet, halte ich für eine wichtige Aufgabe. Das Ziel ist dabei, die Handlungsfähigkeit aller – der Schüler genauso wie der Lehrkräfte – zu vergrößern, statt Ohnmachtsempfinden und Gefühle des Ausgeliefertseins auszuweiten.

Dazu gehören natürlich auch konkrete Beispiele und praktische Hinweise. Was sich in Fortbildungen auf die persönlichen Anliegen von Lehrkräften „maßschneidern" lässt, gerät in einem Buch, das konkrete Handlungsmöglichkeiten für die Erziehung und den Unterricht von Kindern mit Verhaltensauffälligkeiten aufzeigen will, in Gefahr, pauschal und wenig hilfreich zu wirken. Schnell können sich beim Lesen Sätze aufdrängen, wie: „Ja, aber bei mir in der Klasse …" oder „Ja, aber was mache ich, wenn …?"

Hinzu kommt: Als Wissenschaftler stehe ich besonders all den Büchern skeptisch gegenüber, die sich rühmen, mit einer Vielzahl an Tipps und Tricks Erziehung – sei es familiäre oder institutionelle – sowie Unterricht erfolgreich werden zu lassen. Meist sind diese Ratgeber aus reiner Erfahrung heraus geschrieben, pseudowissenschaftlich aufgeblasen und entbehren einer theoretischen Grundlage. Oder aber die Grundlagen sind „nur" medizinischer, psychologischer oder neurobiologischer Natur, nicht aber pädagogisch fundiert.

Umgekehrt enthalten wissenschaftliche Bücher bisweilen deutlich zu wenig Hinweise für mögliche Konsequenzen in der pädagogischen Praxis. Dies ist auch nicht zwingend Aufgabe von Wissenschaft, aber die Sonderpädagogik versteht sich als angewandte Wissenschaft, die die Praxis auf Grundlage theoretischer Erkenntnisse reflektieren und weiterentwickeln will.

Darüber hinaus sind mir die Anliegen und Fragen der Lehrkräfte, die „anders" handeln wollen und sich mühen, für Kinder mit Verhaltensauffälligkeiten jeden Tag aufs Neue Unterricht zu gestalten, zu wichtig, um sie unter der Skepsis des Wissenschaftlers zu begraben.

Daher baut dieses Buch zum einen auf theoretischen Grundlagen der Pädagogik bei Verhaltensstörungen und ihren Nachbardisziplinen auf. Zum anderen bemüht es sich darum, diese Grundlagen ins Praxisfeld Grundschule zu übertragen und Hinweise und Lösungsversuche für den Unterricht mit Kindern mit Verhaltensauffälligkeiten vorzuschlagen.

Thomas Müller, Würzburg 2018

„Was mache ich, wenn …?“ – Eine Einleitung

Spricht man mit Lehrkräften über Kinder mit Verhaltensauffälligkeiten, so kann man bisweilen den Eindruck gewinnen, es werde immer „schlimmer“. Es scheint ein unbestimmtes Gefühl zu geben, dass Kinder zunehmend auffälliger sind und ihre Zahl wächst. Zumindest die Negativqualität der Auffälligkeiten scheint zugenommen zu haben und belastet Lehrkräfte und andere Kinder erheblich – und dies insbesondere vor den Herausforderungen, die ein inklusives Schulsystem mit sich bringt. Doch wie ist es tatsächlich? Ist die Zahl der Kinder mit auffälligen Verhaltensweisen wirklich angestiegen?

Zunahme auffälligen Verhaltens?

Diese Frage lässt sich weder eindeutig mit „Ja“ noch mit „Nein“ beantworten. Große Metaanalysen, wie beispielsweise von Ihle und Esser (2002; 2008), aber auch die KiGGS-Studie (Hölling et al. 2008) zeigen, dass sich die Zahlen seit den 2010er Jahren nicht wesentlich verändert haben – zumindest dann nicht, wenn man auf Kinder schaut, die psychisch erkranken. Im Großen und Ganzen erkranken etwa knapp 20 % aller Kinder zwischen drei und 17 Jahren an einer psychischen Störung. Nur etwa 10 % „nehmen“ diese Erkrankung „mit“ ins Erwachsenenleben. Auffällig dabei ist: Nicht ADHS, aggressive Verhaltensweisen oder Gewaltbereitschaft führen die Liste der Erkrankungen an, sondern Angststörungen.

Angststörungen am häufigsten

Diese zeigen sich jedoch nicht immer in Form zurückgezogenen, ängstlichen oder zu schüchternen Verhaltens, sondern werden sicher auch durch aggressives Verhalten zu bewältigen versucht. Daraus lässt sich eine erste wichtige Erkenntnis für die pädagogische Praxis gewinnen: Das, was man an auffälligem Verhalten beobachten kann, ist nicht immer das, wonach es aussieht.

Doch nicht jede psychische Erkrankung äußert sich auch in auffälligen Verhaltensweisen; ebenso wie nicht jede Verhaltensauffälligkeit unmittelbar mit einer psychiatrischen Diagnose in Beziehung gebracht werden kann. Verfolgt man die Statistiken der Kultusministerkonferenz zur Beschulung von Kindern mit emotional-sozialem Förderbedarf in allgemeinbildenden Schulen, so wird deutlich, dass sich ihr Anteil seit 2008 verdreifacht (KMK 2016) hat.

starke Zunahme emotional-sozialen Förderbedarfs

Dies scheint auf den ersten Blick in direktem Widerspruch zu den hier genannten Metaanalysen zu stehen. Oder ist der Zuwachs mit einer erfolgreichen inklusiven Beschulung dieser Kinder zu erklären?

Dem ist nicht so, denn auch die Zahl der Kinder, die eine Schule mit dem Förderschwerpunkt emotional-soziale Entwicklung besuchen, hat sich im gleichen Zeitraum fast verdoppelt (KMK 2016) – und das, obwohl etliche Bundesländer gerade diese Schulen im Zuge der Realisierung eines inklusiven Schulsystems abgeschafft oder ihre Zahl deutlich reduziert haben.

Es mögen verschiedene Aspekte sein, die dazu führen, dass einerseits die Zahl der Kinder, die psychisch erkranken, nicht ansteigt, und andererseits die Zahl der Kinder, die als auffällig gelten und denen man einen emotional-sozialen Förderbedarf attestiert, in die Höhe schießt. Sicherlich tragen gesamtgesellschaftliche und politische Entwicklungen erheblich dazu bei. Die Soziologie belegt seit Beginn des 21. Jahrhunderts eindrucksvoll, wie sehr sich westliche Gesellschaften zunehmend exkludierend (Bude / Willisch 2006) entwickeln und wie sie von Sozialstaaten zu Versorgungsstaaten werden, deren Motivation für sozialstaatliche Transferleistungen auf Sicherheitsüberlegungen fußt, nicht aber auf echter Solidarität gründet.

immer mehr Exklusionserfahrungen

Die Zahl der Menschen, die weder gebraucht noch gefragt sind, steigt und damit auch die Gefahr des persönlichen und sozialen Scheiterns (Bauman 2005; Bude 2008). Hinzu kommen globale politische Entwicklungen, in denen Nationalismus und nationalstaatliche Identität eine wachsende Bedeutung bekommen. Damit verändert sich auch die Sicht von Teilen einer Gesellschaft darauf, was (noch) normal ist und was (schon) als auffällig gilt, wer dazugehört und wer nicht, wer passt und wer stört. Dies lässt sich für Kinder mit Verhaltensauffälligkeiten auch an zunehmenden Punitivitätstendenzen ausmachen (Willmann 2012) sowie an der steigenden Zahl an Plätzen in geschlossenen Unterbringungen, im Jugendstrafvollzug und in forensischen Abteilungen. Zugespitzt formuliert: Wo die Inklusion mit diesen Kindern nicht funktioniert, dort drohen sie, in einer Inklusion der anderen Art, in Institutionen mit Einschluss (lat.: in-cludere) zu verschwinden. Pädagogisch und vor allem mit Blick auf Unterricht, Erziehung und Bildung ist das sehr bedenklich.

zunehmende hiatrisierung

Tendenzen eines immer rigideren Normalitätsverständnisses scheinen sich aber auch in der Psychiatrie selbst zu finden. Frances (2014) belegt eindrucksvoll, wie normale, wenn auch erzieherisch herausfordernde kindliche Entwicklungsphasen, wie beispielsweise die Trotzphase und damit verbundene Wutanfälle, umgedeutet werden zu manifesten psychischen Störungen. Diese Entwicklungen stoßen auf die erheblichen Belastungen, denen Lehrkräfte in der Umsetzung eines inklusiven Unterrichts ausgesetzt sind.

Die fachlich-sonderpädagogische Unterstützung, die sie erfahren, ist meist deutlich zu gering, und die Herausforderungen, vor denen sie stehen, wenn es darum geht, Kindern ohne Förderbedarf und Kindern mit höchst unterschiedlichen Förderbedarfen innerhalb einer Klasse gerecht zu werden, sind schier nicht zu bewältigen. Da erscheint es nachvollziehbar, wenn bisweilen dankbar nach der einen oder anderen psychiatrischen Diagnose gegriffen wird. Diese verspricht Eindeutigkeit und vor allem Entlastung, denn zuständig ist dann die Psychiatrie und nicht die Schule.

Hinzu kommt, dass das allgemeinbildende Schulsystem seine Lehrkräfte in ein Spagat zwingt, das nicht auszuhalten ist: Während im Zuge eines inklusiven Unterrichts möglichst individuell und mit Hilfe von Förderplänen auf jedes einzelne Kind eingegangen werden soll, nehmen Technologisierung und Standardisierung zu.

Schule zwischen Individualisierung und Standardisierung

Individueller Förderplan hin oder her: Am Ende schreiben alle Schüler zur gleichen Zeit die gleichen Leistungsnachweise und Vergleichsarbeiten und haben sich Kompetenzrastern zu fügen. Dem Lernen im individuellen Ungleichschritt lässt sich nicht durch ein Leistungs- und Prüfungsverständnis begegnen, das auf Gleichschritt angelegt ist. Dieser Widerspruch wird besonders in der überaus leistungsorientierten Grundschule offensichtlich. Sicherlich läuft ein solches Schulsystem auch Gefahr, darüber erhebliche Verhaltensstörungen mit zu erzeugen.

Natürlich sind gesellschaftliche Probleme und Herausforderungen nicht pädagogisch oder durch die Schule alleine zu lösen, auch wenn gerade die Schule seit Ende des 20. Jahrhunderts mit mehr und mehr Erwartungen diesbezüglich konfrontiert wird. Aber: Gesellschaftliche Probleme bedingen die pädagogische Praxis durchaus mit und bilden sich in dieser ab – und dies nicht unbedingt zum Vorteil von Kindern mit Verhaltensauffälligkeiten. Die Frage „Was mache ich, wenn …?" schwebt über alldem, und sie ist nicht einfach zu beantworten, wenn auch höchst verständlich ist, dass sie mehr denn je aufgeworfen wird.

Entscheidend ist wohl, dass gerade im Zusammenhang mit Verhaltensauffälligkeiten der Blick nicht ausschließlich darauf gerichtet wird, Defizitäres, Störendes, Auffallendes oder Unangepasstes beseitigen zu wollen. Das verkurzte Pädagogik auf ein pures Reaktionshandeln. Der Blick ist vielmehr immer wieder neu darauf zu richten, was das Kind sein könnte und wie es dabei begleitet werden kann. Dadurch realisiert sich im Ergebnis Bildung.

Im Folgenden wird eine theoretische Grundlage zur möglichen Beantwortung geschaffen: Wichtig erscheint dafür zu klären, mit *wem* man es zu tun hat, wenn man von Kindern mit Verhaltensauffälligkeiten spricht, und zu klären, *wie* man über diese Schüler sprechen kann (Kap. 1). Auf dieser Grundlage lassen sich dann Überlegungen für Erziehung (Kap. 2) und Unterricht (Kap. 3) anstellen sowie infolge dessen an konkreten Unterrichtssituationen (Kap. 4) beispielhaft Antwortversuche erarbeiten.

Auf den Punkt gebracht!

- Die Zahl der Kinder mit psychischen Erkrankungen ist gleichbleibend hoch.
- Die Zahl der Kinder mit emotional-sozialem Förderbedarf ist immens gestiegen. Die Gründe hierfür sind vielfältig, aber nicht eindeutig klärbar.
- Auffälliges Verhalten ist nicht immer das, wonach es aussieht.
- Die Belastungen für Lehrkräfte, die sich aus Individualisierung einerseits und Standardisierung andererseits ergeben, sind erheblich.

Bude, H. (2008): Die Ausgeschlossenen. Das Ende vom Traum einer gerechten Gesellschaft. Bundeszentrale für politische Bildung, Bonn

Frances, A. (2014): Normal! Gegen die Inflation psychiatrischer Diagnosen. Dumont Buchverlag, Köln

Labor Ateliergemeinschaft (2017): Ich so du so: Alles super normal. Beltz, Weinheim

1 Verhalten und Erleben

1.1 Verhalten und subjektiver Sinn

Alle Menschen verhalten sich und können sich nicht nicht verhalten. Verhalten dient der biologischen und psychischen Selbsterhaltung. Mit ihm lassen sich Vorstellungen und Wünsche, Erwartungen und Ansprüche zum Ausdruck bringen. Man teilt darüber aber auch mit, ob man mit etwas einverstanden ist, sich wohl fühlt oder ob man Missbefinden einem Sachverhalt gegenüber verspürt. Es dient zur Information, zur Kontaktaufnahme und verhilft dazu, das innere Erleben zum Ausdruck zu bringen. Darüber hinaus helfen spezifische Verhaltensweisen in schwierigen Situationen des Lebens. Sie wurden erlernt oder eingeübt und können damit entlasten, wenn es notwendig ist.

Verhalten bestimmt Verhältnisse

Jedes Verhalten ist also Ausdruck eines Verhältnisses zu anderen Menschen, Gegenständen und Situationen. Das Verhalten anderer Menschen wirkt höchst unterschiedlich: nachvollziehbar und verständlich, aber auch auffällig und störend. Durch das eigene Verhalten und das des Gegenübers bestimmen sich also Verhältnisse zueinander.

Die Erfahrungen, die man im Laufe seines Lebens mit verschiedenen Verhaltensweisen macht, führen dazu, dass man sich nach und nach Strategien zulegt: Man lernt, dass in bestimmten Situationen eine Verhaltensweise sinnvoller oder hilfreicher war, während eine andere zu Schwierigkeiten und Konflikten führte. Geht alles gut, entsteht so etwas wie ein „Pool" an wirksamen, zielführenden Verhaltensweisen, die dazu beitragen, Identität mit auszubilden und das Selbstwertempfinden zu steigern. Solche Verhaltensweisen halten die Menschen und ihre Umwelt im wahrsten Wortsinne zusammen. Dass nicht immer alles gut geht und dass nicht jeder „Pool" von Verhaltensweisen einen Gewinn darstellt, machen Kinder mit Verhaltensauffälligkeiten im Unterricht deutlich.

Wie man sich verhält, ist jedoch nicht nur von einem selbst, von anderen Menschen oder Situationen abhängig. Verhalten wird auch von eher objektiven Momenten mitbestimmt und entsteht aus den Wertvorstellungen, die

Werte und Normen bestimmen Verhalten – aber auch umgekehrt

in einer Gesellschaft weitestgehend konsensfähig sind und die in Normen, Geboten, Grundsätzen und Regeln ihren Ausdruck finden. In spezifischen Situationen tauchen diese Normen und Werte in Form von Einstellungen und Haltungen, Überzeugungen oder Gewissheiten auf und bestimmen so mit, wie man sich im Speziellen verhält. Das bedeutet aber nicht, mit den eigenen Verhaltensweisen Werten und Normen ausgeliefert zu sein, denn umgekehrt bestehen Werte und Normen nicht für sich allein, sondern sie sind Ausdruck menschlicher Erfahrungen im Verhalten anderen gegenüber und sie verändern sich mit und durch Menschen und die Lebensverhältnisse, die sie schaffen.

Wenn man sich bewusst ist, dass man nicht anders kann, als sich ständig zu verhalten und zusätzlich bedenkt, wozu Verhaltensweisen dienen, dann lässt sich festhalten:

1. Jedes Verhalten drückt ein Verhältnis zu einem Gegenüber aus.
2. Jedes Verhalten ist daher subjektiv sinnvoll.

jedes Verhalten ist subjektiv sinnvoll

Dass jedes Verhalten subjektiv sinnvoll ist, mag nach den bisherigen Überlegungen logisch klingen. Denkt man aber an Kinder mit Verhaltensauffälligkeiten, so kann dieser Satz gewaltigen Sprengstoff in sich bergen und Widerspruch auslösen, vor allem, wenn man an Verhaltensweisen denkt, durch die jemand sich oder anderen Schaden zufügt. Andererseits wird sich in Kapitel 4 noch zeigen, wie hilfreich das Wissen um diesen Satz sein kann, wenn es darum geht, Unterricht für Kinder mit Verhaltensauffälligkeiten nachhaltig zu gestalten.

Besonders das Verhalten auffälliger Kinder, mit denen es Lehrkräfte im Unterricht zu tun haben, ist oft genug kaum nachvollziehbar, wirkt befremdlich und bisweilen geradezu rätselhaft. Verhalten kann also auch so etwas wie eine geheime Botschaft sein, die es zu entschlüsseln gilt.

Verhalten – eine Botschaft

Sieht man menschliches Verhalten als eine Botschaft an, dann lassen sich diese Botschaften unterschiedlich lesen, verstehen oder auffassen. Man kann sie unterschiedlich beantworten oder auch auf eine Antwort verzichten und sie ignorieren. Immer wieder passiert es aber auch, dass man Verhaltensbotschaften falsch versteht oder nicht richtig auffasst. Es kommt etwas an, das so nicht gemeint oder gewollt war und daher zu Streit und Konflikten führt – privat und im alltäglichen Leben genauso wie in der Schule, wo man es in einer Klasse permanent mit sehr vielen Botschaften zu tun hat, die gleichzeitig ankommen und „richtig“ entschlüsselt werden wollen. Besonders betroffen sind

> *„Kinder mit massiven Verhaltensstörungen, die wiederholt […] erleben müssen, dass sie sich als Person nicht verdeutlichen können. Das, was sie anderen mitteilen möchten, kommt nicht an. Ihre Botschaften laufen ins Leere: Aus unterschiedlichen Gründen, unter anderem deshalb, weil ihre inneren Notwendigkeiten keine andere Lösung zulassen. Sie bleiben unverstanden, weil sie sich selbst nicht verstehen, sind in sich selbst verfangen und verstricken andere gleichermaßen“* (Ahrbeck 2011, 61).

Diese Erfahrungen deuten darauf hin, dass es im Umgang mit diesen Kindern nicht nur um deren beobachtbare Verhaltensweisen gehen kann, sondern dass für ein „richtiges“ Auffassen von Verhaltensbotschaften stets zu berücksichtigen ist, dass Verhalten und Erleben in einem unauflösbaren Zusammenhang stehen.

Verhalten und Erleben

Setzt man sich mit schwierigem, auffälligem oder störendem Verhalten in der Schule auseinander, dann bemüht man sich in einem ersten Impuls meist, herauszufinden, *warum* sich ein Kind so auffallend verhält (z. B.: Warum verhält sich dieser Schüler so, obwohl er sich damit schadet? Warum verhält sich jene Schülerin so, obwohl ich ihr schon so oft gesagt habe, dass dies so nicht geht?).

die Frage nach dem Warum

Bei der Suche nach dem „Warum“, den Ursachen einer Verhaltensweise, stößt man jedoch schnell an Grenzen. Einerseits können einem (zu) schnell Gründe einfallen, wie beispielsweise belastete familiäre Verhältnisse oder ein psychiatrisches Störungsbild, andererseits bleibt vieles davon oft nur eine vage Vermutung. Man weiß dann doch nicht so genau, wie es wirklich zuhause zugeht oder wurde als Lehrkraft nicht miteinbezogen, als es um eine psychiatrische Untersuchung ging. Das Bemühen um solche Informationen ist einerseits sehr wichtig, um die Verhaltensbotschaften von Schülern besser verstehen zu können, andererseits führt eine detailliertere Kenntnis über das „Warum“ oft auch nicht weiter. Selbst wenn man um Ursachen weiß, ist das Problem, wie man mit dem schwierigen, auffälligen oder störendem Verhalten umgehen soll, noch nicht gelöst. Hinzu kommt: Wenn man nach dem „Warum“ fragt, dann bleibt man auf einer Ebene des Verstehens, bei der es stark darum geht, ob sich jemand angemessen, unauffällig und sozial angepasst verhalten kann oder eben nicht. Die Erkenntnis, dass Kinder im Verhaltensbereich etwas können oder nicht können, löst aber auch nicht die konkreten schulischen Probleme. Es lässt sich demnach festhalten: Das Wissen um die Lebensverhältnisse und das Können oder Nicht-Können von Schülern mit Verhaltensauffälligkeiten ist wichtig, aber es hilft nur begrenzt weiter.

wozu statt warum

Daher ist es für den Unterricht zielführender, nicht nur nach dem „Warum“, sondern im Sinne des individuellen Erlebens auch nach dem „Wozu“

eines bestimmten Verhaltens zu fragen: Wozu dient dem Schüler diese Verhaltensweise in dieser speziellen Situation?

Es wird sich zeigen, dass genau dies auch über die Ebene des Könnens oder Nicht-Könnens hinaus hin zu anderen pädagogischen Lösungen führt. Wenn man es mit Schülern mit Verhaltensauffälligkeiten zu tun hat, wird gerne davon gesprochen, dass man bei ihren Stärken und Ressourcen mit der schulischen Arbeit ansetzen, und den Blick nicht zu sehr auf Schwächen und Defizite richten solle. Dies sei Ausdruck einer Haltung, die jedes einzelne Kind wertschätzt und nicht auf das reduziert, was man als schwierig und problematisch empfindet. Umgekehrt fällt gerade bei sehr auffälligem Verhalten der Blick auf Stärken und Ressourcen oft mehr als schwer. Und was nützt das Wissen um die Stärken und Fähigkeiten eines Kindes, wenn es den Unterricht ständig stört?

Polarisierung von Stärken und Schwächen

Es könnte daher hilfreich sein, die Polarisierung von Stärken und Schwächen aufzugeben und für ein vertieftes Verstehen auffälligen Verhaltens davon auszugehen, dass Ressourcen und Defizite immer wieder „in sich zusammenfallen“. Dies sollen folgende Beispiele und zwei jeweils konträre Sichtweisen auf das auffällige Verhalten demonstrieren:

Beispiel I:

Tim fängt mit dem gemeinsamen Schulfrühstück an, sobald es auf dem Tisch steht.

a. Tim kann/muss für sich sorgen.
b. Tim hat keinen Bedürfnisaufschub erlernt.

Beispiel II:

Kevin schlägt andere Kinder auf dem Schulweg und in der Pause.

a. Kevin kann sich abgrenzen und seine Gefühle zum Ausdruck bringen.
b. Kevin verfügt über keine Impulskontrolle.

Beispiel III:

Sebastian zerknüllt regelmäßig Arbeitsblätter und Proben.

a. Sebastian hat einen Weg gefunden, mit seiner Angst vor Versagen umzugehen.
b. Sebastian hat keine Frustrationstoleranz.

Beispiel IV:

Jasmin wirft einen Stuhl durchs Klassenzimmer.

a. Jasmin sucht den Kontakt zu anderen.
b. Jasmin kann mit ihrer Wut nicht umgehen.

Beispiel V:

Andre geht nicht in die Schule.

a. Andre hat eine Möglichkeit gefunden, möglichem Frust und Stress auszuweichen.
b. Andre kann sich nicht anpassen.

Beispiel VI:

Sandro ruft im Unterricht ständig dazwischen.

a. Sandro hat eine Möglichkeit gefunden, Aufmerksamkeit zu erhalten.
b. Sandro kann sich nicht an Regeln halten.

Bitte denken Sie an Ihre Schüler und versuchen Sie, deren auffällige Verhaltensweisen in der gleichen Weise aufzuschlüsseln.

Was stimmt nun? Was ist eine Stärke und was eine Schwäche? Welches sind die Ressourcen, an denen in den hier geschilderten Situationen mit pädagogischer Arbeit anzusetzen wäre?

Es wird deutlich: Der Blick und die pure Reaktion auf das an den Tag gelegte Verhalten alleine reichen nicht aus. Pädagogische Arbeit mit auffälligen Kindern benötigt immer auch das Bemühen um das mögliche Erleben, das sich hinter einer Verhaltensweise verbergen könnte. Das ist schwierig, denn es ist nicht beobachtbar, und die Gefahr, Kinder dabei zu Opfern von hobbypsychologischen Deutungsversuchen zu machen, ist groß. Allerdings macht es für die schulische Praxis und einen nachhaltigen Umgang mit auffälligen Verhaltensweisen im Sinne der betroffenen Kinder einen wesentlichen Unterschied, wenn auf Verhalten nicht nur reagiert wird, sondern in alle Überlegungen miteinfließt, dass das subjektive Erleben des Schülers und seine Verhaltensweisen völlig konträr zu seinen eigentlichen Absichten stehen können: Nicht jede Beleidigung will verletzen und nicht jeder geworfene Stuhl treffen, sondern ist möglicherweise Ausdruck eines Lösungs- oder Anpassungsversuchs für eine bestimmte Situation, in der es um Angst vor ausbleibender Anerkennung, den Wunsch nach Beziehung oder die Sehnsucht nach Zuwendung geht.

auffälliges Verhalten als Lösungsversuch

Dies zeigt sich auch in vielen Einzelgesprächen mit auffälligen Schülern, beispielsweise nach einer Konfliktsituation. Sie wissen meist sehr genau, welche Regeln gelten und viele Kinder möchten nichts lieber, als sich an diese auch halten zu können. Das Drama vieler Schüler mit massiven Verhaltensauffälligkeiten liegt jedoch darin, die Lücke zwischen Wollen und Können nicht schließen zu können. Sie weisen sogenannte Performanzprobleme auf, z. B.:

- Ich will mich an Regeln halten, kann es aber nicht.
- Ich kann mich an Regeln halten, will es aber nicht.
- Ich kann mich an Regeln halten, darf es aber nicht.

Bitte denken Sie an Schüler, die Sie für verhaltensauffällig halten und bei denen Sie um ein Performanzproblem wissen oder dieses vermuten. Wie würden Sie mit dem auffälligen Verhalten dieser Schüler umgehen, wenn Sie nur auf das beobachtbare Verhalten reagieren würden? Wie würden Sie mit dem auffälligen Verhalten dieser Schüler umgehen, wenn Sie davon ausgehen, dass der Schüler möglicherweise ein Performanzproblem aufweist?

Zusammengenommen bedeutet dies, die zuvor aufgeführten Beispiele noch auf einer anderen Ebene lesen und verstehen zu können. In der pädagogischen Praxis führen solche Formen des Verstehens von Verhaltensbotschaften im Ergebnis dann zu einem deutlich weiteren Spektrum des Umgangs und der Reaktionen sowie zu mehr Nachhaltigkeit:

Beispiel I:

Tim fängt mit dem gemeinsamen Schulfrühstück an, sobald es auf dem Tisch steht.

a. Tim kann/muss für sich sorgen.
b. Tim hat keinen Bedürfnisaufschub erlernt.
c. Tim **ängstigt sich**, dass niemand für ihn sorgt.

Beispiel II:

Kevin schlägt andere Kinder auf dem Schulweg und in der Pause.

a. Kevin kann sich abgrenzen und seine Gefühle zum Ausdruck bringen.
b. Kevin verfügt über keine Impulskontrolle.
c. Kevin **sehnt sich danach**, von anderen anerkannt zu werden.

Beispiel III:

Sebastian zerknüllt regelmäßig Arbeitsblätter und Proben.

a. Sebastian hat einen Weg gefunden, mit seiner Angst vor Versagen umzugehen.
b. Sebastian hat keine Frustrationstoleranz.
c. Sebastian **fürchtet sich** vor ausbleibender Anerkennung, wenn ihm etwas nicht gelingt.

Beispiel IV:

Jasmin wirft einen Stuhl durchs Klassenzimmer.

a. Jasmin sucht den Kontakt zu anderen.
b. Jasmin kann mit ihrer Wut nicht umgehen.
c. Jasmin **verzweifelt**, weil sie keine Freundin findet.

Beispiel V:

Andre geht nicht in die Schule.

a. Andre hat eine Möglichkeit gefunden, möglichem Frust und Stress auszuweichen.
b. Andre kann sich nicht anpassen.
c. Andre **hofft**, außerhalb der Schule besser klarzukommen.

Beispiel VI:

Sandro ruft im Unterricht ständig dazwischen.

a. Sandro hat eine Möglichkeit gefunden, Aufmerksamkeit zu erhalten.
b. Sandro kann sich nicht an Regeln halten.
c. Sandro **träumt davon**, Zuwendung zu erfahren, die nur ihm gilt.

Bitte denken Sie ein weiteres Mal an die Schüler, für die Sie zuvor bereits unterschiedliche Perspektiven auf ihre Verhaltensweisen entwickelt haben und versuchen Sie, für diese Schüler nun auch eine dritte Ebene (c) hinzuzufügen.

Auf den Punkt gebracht!

- Jedes Verhalten drückt ein Verhältnis zu einem Gegenüber aus.
- Jedes Verhalten ist daher subjektiv sinnvoll.
- Jedes Verhalten erzeugt Wirkungen, die oft dem eigentlichen Anliegen entgegenstehen und daher kontraproduktiv wirken können.
- Wie auffällig oder schwierig Verhalten anmuten mag, es ist subjektiv sinnvoll. Daher geht es zunächst nicht um Veränderung, sondern um Annäherung an dieses.
- Wie auffällig oder schwierig Verhalten anmuten mag, es ist subjektiv sinnvoll und daher geht es darum, Verhalten und Person zu trennen: Nicht „Du bist böse!“ steht im Vordergrund, sondern „Was Du tust, ist auffallend, schwierig für mich / uns.“.
- Jede Verhaltensweise ist auch Ausdruck eines subjektiven Erlebens und der Sehnsucht danach, als Person verstanden zu werden, anerkannt zu sein und sich verwirklichen zu können.

Koch, B. (2015): Hinter jedem Konflikt steckt ein Traum. Prozessorientierte Konfliktlösungen im Alltag. Synergia, Basel

1.2 Verhalten und Erleben im Wandel

Dass die Verhaltens- *und* die Erlebensweisen auffälliger Kinder in der pädagogischen Praxis im Jahr 2018 mehr und mehr Berücksichtigung finden, zumindest aber zwei wesentliche Eckpfeiler der Pädagogik bei Verhaltensstörungen ausmachen, hat damit zu tun, wie man sich historisch auf Kinder mit Verhaltensauffälligkeiten einließ. Der Ausgangspunkt ist dabei nicht mehr zu fassen, aber Personen wie beispielsweise Pestalozzi, Wichern und Trüper, aber auch Aichhorn und Fuchs, Redl und Bettelheim schafften durch ihr persönliches Handeln sowie ihre Untersuchungen und Aufzeichnungen wichtige Voraussetzungen, die für die Arbeit im 21. Jahrhundert bedeutsam sind.

Bemühen um Verstehen

Dass auf auffälliges Verhalten nicht nur einfach reagiert wird, sondern ein Bemühen um das Verstehen der Erlebenssituation auffälliger Kinder in die pädagogische Praxis einzog, ist der Psychoanalyse zu verdanken, der in der Arbeit von Aichhorn (1977) mit „verwahrlosten" Kindern und in der Auseinandersetzung Redls (1970) und Bettelheims (1978) mit traumatisierten Kindern eine bedeutende Rolle zukommt. Die Annahme, dass jedes Verhalten aus dem Kontext seiner Verursachung heraus verstehbar und damit subjektiv sinnvoll ist, trug wesentlich zu einer veränderten Haltung und pädagogischen Praxis bei.

Ausgrenzung und Vernichtung

Allerdings ist die Geschichte auch von Nicht-Verstehen, Ablehnung, Ausgrenzung, Bestrafung und Vernichtung von Kindern mit Verhaltensauffälligkeiten oder dem, was man dafür hielt, gezeichnet. Während des Nationalsozialismus waren Zucht und rigide Ordnungsvorstellungen von großer Bedeutung: Da Verhaltensauffälligkeiten als „genetisch fixierte Minderwertigkeit" angesehen wurden, sprach man auch der Pädagogik die Möglichkeit ab, betroffene Kinder zu unterrichten und zu erziehen. In der DDR wurden sogenannte „verhaltensabweichende" Kinder in Spezialkinderheimen und, wenn sie älter waren, in Jugendwerkhöfen untergebracht. Wer mit den dortigen Vorstellungen von Disziplin und Ordnung nicht zurechtkam, sah sich Willkür, Misshandlungen und Machtmissbrauch durch Erwachsene ausgesetzt (Beyer et al. 2016).

Kehrt man zu den historischen Wurzeln zurück, stellt sich die Frage, was die Kinder, mit denen sich Pestalozzi oder Bettelheim befassten, mit Kindern zu tun haben, die im 21. Jahrhundert eine Grundschule besuchen und als verhaltensauffällig gelten. Bei allen offensichtlichen Unterschieden teilen sie aber wohl doch,

> *„daß [sie] gegen allgemeine Vorstellungen und Erwartungen vom ‚angemessenen', ‚durchschnittlichen', ‚normalen' Verhalten verstoßen, daß eine Diskrepanz besteht zwischen der im pädagogischen Sinn wünschenswerten und der tatsächlichen Entwicklung, daß Eltern, Lehrer und Erzieher dies als Problem wahrnehmen und nach Gründen für solche Abweichungen sowie nach den erzieherischen Einwirkungsmöglichkeiten suchen" (Göppel 1989, 9).*

Auch im 21. Jahrhundert werden Kinder mit Verhaltensauffälligkeiten noch immer Opfer von Beschämung und Bloßstellung – auch in der Schule.

Auf den Punkt gebracht!

- Ein nachhaltiger pädagogischer Umgang mit Kindern, die als verhaltensauffällig gelten, berücksichtigt nicht nur ihre Verhaltensweisen, sondern auch ihr subjektives Erleben.
- Unabhängig vom zeitlichen Kontext gelten gerade in der Schule meist die Kinder als verhaltensauffällig, die von dem abweichen, was als angemessen, durchschnittlich oder normal gilt.
- Die Geschichte zeigt, dass Kinder mit Auffälligkeiten im Verhalten und Erleben vielfach missverstanden, bestraft und auch vernichtet wurden. Umso mehr hat Pädagogik den Auftrag, darauf zu achten, dass Kinder nicht bloßgestellt, beschämt oder erniedrigt werden – und sei ihr Verhalten noch so unangepasst, auffällig oder störend.

Bitte beurteilen Sie, inwieweit die folgenden Reaktionen auf ein auffälliges Verhalten das betroffene Kind beschämen, bloßstellen, erniedrigen oder demütigen:

- Ein Schüler muss das Klassenzimmer verlassen und vor der Türe stehend die Klinke nach unten gedrückt festhalten, um der Lehrkraft zu zeigen, dass er noch vor der Türe steht.
- Einem Schüler wird die Schultasche an seinem Platz vor allen anderen Kindern durch die Lehrkraft zur Kontrolle ausgeschüttet.
- Ein Schüler hat nicht aufgepasst und muss deshalb an der Tafel vorrechnen.

- Ein Schüler, der im Sportunterricht langsam ist, muss Extrarunden laufen.
- Ein Schüler wird in den Kreis der anderen Schüler gerufen, wo man ihm mitteilt, dass er sich besser an die geltenden Regeln halten muss.
- Ein Schüler, der andere beleidigt hat, darf beim Ausflug nicht mitfahren.
- Einem Schüler wird eine unsaubere Seite aus dem Heft gerissen.

Bettelheim, B. (2007): Liebe allein genügt nicht. Die Erziehung emotional gestörter Kinder. Klett Cotta, Stuttgart

Hafeneger, B. (2013): Beschimpfen, bloßstellen, erniedrigen. Brandes und Apsel, Frankfurt a. M.

1.3 Auffällig oder originell?

Befasst man sich mit Kindern mit Verhaltensauffälligkeiten näher, wird schnell deutlich, dass die Begriffe, mit denen diese Kinder bezeichnet werden, sehr unterschiedlich sind: auffällig, störend, originell, kreativ und vieles mehr. Auch in der wissenschaftlichen Befassung existieren höchst unterschiedliche Sichtweisen, bei denen von Erziehungsschwierigkeiten, Verhaltensstörungen, Verhaltensauffälligkeiten, psycho-sozialen Belastungen, Gefühlsstörungen und emotional-sozialem Förderbedarf die Rede ist.

auffällig oder störend?

Was dann genau unter einer Störung oder einer Auffälligkeit verstanden wird, kann erheblich differieren: Während die einen Auffälligkeit und Störung eher in einer Steigerung an Intensität verstehen, verbergen sich für andere sehr spezifische Sichtweisen hinter diesen Begriffen, die sie in je unterschiedliche Verhältnisse zueinander bringen, beispielsweise die personorientierte, die systemische oder die interaktionistische Sicht.

Die Auseinandersetzung mit Begriffen wie Störung, Auffälligkeit, Schwierigkeit oder Originalität ist aber kein wissenschaftlicher Selbsterhaltungstrieb und auch keine Spielerei, sondern besonders im Hinblick auf die Herausforderung der inklusiven Beschulung von Kindern mit Verhaltensauffälligkeiten wichtig: Es macht für die pädagogische Praxis und die mit ihr unweigerlich verbundene erzieherische Haltung einen großen Unterschied, ob man „gestörte" Schüler unterrichtet, versucht, mit auffälligem Verhalten im Unterricht umzugehen, oder ob man sich mit Störungen auseinandersetzt, die im Kontext Grundschule auftauchen, nicht aber unbedingt mit den Kindern selbst zu tun haben.

Gefahr einseitiger Personalisierung

Daher muss auch der Begriff „emotional-sozialer Förderbedarf" in die Überlegungen mit einbezogen werden: Da sich ein Förderbedarf immer auf ein einzelnes Kind bezieht und an diesem festgemacht wird, steht er ähnlich oder möglicherweise sogar noch stärker als der Störungsbegriff in der Gefahr, Verhaltensweisen ursächlich zu personalisieren. Er verhindert so beispielsweise eine Sichtweise von Verhaltensstörungen, in der die Störung als ein Zustand begriffen wird und die (nur) in einer bestimmten Situation zwischen bestimmten Menschen existiert oder als solche von anderen beobachtet werden kann.

Verharmlosung auffälligen Verhaltens

In den 2010er Jahren haben sich zudem Formulierungen wie „verhaltensoriginelle Schüler", „Schüler mit überraschendem Verhalten" oder auch „Schüler mit kreativem Verhalten" verbreitet. Mit diesen Begriffen droht die Gefahr, dass belastende lebensgeschichtliche Erfahrungen von Kindern, wie beispielsweise massive Gewalt oder sexueller Missbrauch, die infolge zu auffälligen Verhaltensweisen führen können, verharmlost werden.

In einer bestimmten Situation ein Verhalten zu zeigen, das überrascht, originell oder kreativ erscheinen mag, ist das eine. Das andere sind Verhaltensweisen, die ursächlich oft mit Leid, Schmerz und Verzweiflung verbunden sind. Hinzu kommt, dass viele Verhaltensweisen von Kindern nicht so überraschend oder kreativ sind, wie sie auf den ersten Blick scheinen, sondern vielmehr stereotyp, festgefahren und vorhersehbar; vor allem dann, wenn man sich auf das subjektive Erleben dieser Kinder einlässt.

interaktionistische Sicht

Einen Ausweg aus dem Begriffsdschungel bietet wohl eine interaktionistische Sicht an. Verhaltensstörungen werden dabei als Störungen im Person-Umfeld-Bezug betrachtet (Stein 2017): Etwas in der Interaktion zwischen einem Kind und den situativen Bedingungen, in denen es sich befindet, läuft nicht regelgerecht. Dabei wird der Tatsache Rechnung getragen, dass sowohl die beteiligten Personen, wie beispielsweise Lehrkräfte oder Schüler, aber auch die Bedingungen und Anforderungen einer Situation eine Rolle spielen können – und dies zumeist in einem komplexen, wechselseitigen Verhältnis. Solche Störungen werden im Ergebnis „an" den Schülern als Auffälligkeiten des Verhaltens und Erlebens offensichtlich. Verhaltensauffälligkeiten sind damit Hinweis auf eine hinter ihnen sich verbergende Störung, die aber eben nicht zwingend am auffälligen Kind festgemacht werden kann.

Eine interaktionistische Sicht ist auch für die inklusive Beschulung auffälliger Kinder bedeutsam, weil Schwierigkeiten nicht erst identifiziert werden, wenn sie verfestigt sind, sondern bereits dann, wenn sie sich in Form von Verhaltensauffälligkeiten bei Schülern anbahnen. Damit wird dann nicht alleine auf den Schüler geblickt, sondern stets auch auf sein Umfeld, die Lebenssituation und die Anforderungen, die an ihn gestellt werden.

Auf den Punkt gebracht!

- Eine Störung ist nicht die Steigerung einer Auffälligkeit. Auffälligkeit und Störung stehen in einem komplexen interaktionistischen Zusammenhang.
- Begriffe wie „verhaltensoriginell" oder „verhaltenskreativ" sind ungeeignet, um Kinder zu bezeichnen, die unter ihren Verhaltensweisen oder dem, was zu ihnen geführt hat, leiden.
- Auffälliges Verhalten ist zumeist nur ein Indikator für eine Störung im Kontext von verschiedenen Personen in einer bestimmten Situation.

1.4 Was ist auffällig?

Was aber ist dann auffällig und ab wann? Bei allem Bemühen um eine pädagogisch sinnvolle Begrifflichkeit führen Verhaltensauffälligkeiten Kinder in der Grundschule oft täglich in gravierende Schwierigkeiten. Diese stellen auch für ihr Umfeld große Herausforderungen dar, besonders dann, wenn es um Beleidigungen, körperliche Übergriffe und andere Verletzungen geht. So konkret und offensichtlich sie erscheinen mögen, so schwer ist es, sie zu objektivieren, was im Ergebnis auch dazu führt, dass es keine Rezepte, keine allgemeingültigen Tipps und Tricks im Umgang mit ihnen gibt.

Kriterien und Normen

Ihre Bestimmung ist stark von den Kriterien und Normen abhängig, die zur Beurteilung von Verhaltensweisen angelegt werden, über welche man trefflich streiten kann und die abhängig von der eigenen Herkunft stark differieren können.
Zum einen stellt sich die Frage nach dem Bezugsmaßstab, der oft aus dem Vergleich mit anderen Kindern oder dem Vergleich mit einer Art Durchschnitt entsteht: Auffällig ist dann das Kind, welches vom Verhalten abweicht, das die meisten anderen Kinder zeigen.

verschiedene Maßstäbe

Man könnte aber auch die „Belastungen" der betroffenen Personen oder des Umfelds zum Maßstab erheben: Von einer Verhaltensauffälligkeit ließe sich dann sprechen, wenn auf der einen oder anderen oder beiden Seiten Belastungen entstehen, die nicht einfach bewältigt werden können.

Es ließe sich aber auch das Kind selbst als Maßstab heranziehen. Es wäre demnach dann auffällig, wenn es sich unter gleichen oder ähnlichen Bedingungen völlig anders verhält, als man dies sonst gewohnt ist.

Ob etwas im Kontext der Grundschule als Verhaltensauffälligkeit bezeichnet wird, ist aber zum anderen auch stark vom Zeitgeist, von bestimmten soziokulturellen Erwartungen der beurteilenden Lehrkräfte, der sozialen und kulturellen Herkunft des Kindes, den bestehenden Erwartungen an das Kind in seiner Geschlechtsrolle oder auch altersbezogenen Normen abhängig.

Zusätzlich sind auch fixierte Normen von besonderer Bedeutung, die in Formen von Gesetzen oder auch institutionellen Regeln, wie sie sich etwa in Schulordnungen finden, bestehen. Auffällig ist dann, wer ein Gesetz bricht oder sich nicht an eine Regel hält – und dies zunächst unabhängig von Performanzproblemen.

Man könnte meinen, dass die verschiedenen Möglichkeiten, die existieren, um ein Verhalten als auffällig zu beurteilen oder zu identifizieren, im Ergebnis zu Beliebigkeit und Willkür führen – auch in der Grundschule. Dies muss jedoch nicht sein, wenn man sich bewusst macht, welche, stets gut begründeten, Kriterien zur Beurteilung herangezogen werden. Auch deshalb empfiehlt es sich für eine gelingende pädagogische Praxis, sich nicht nur vom gezeigten Verhalten eines Kindes und dem eigenen Empfinden diesem Verhalten gegenüber beeindrucken zu lassen, sondern sich im tieferen Verstehen des Verhaltens einerseits um das subjektive Erleben – das des Kindes ebenso wie das eigene – sowie die zugrundeliegenden Beurteilungsmaßstäbe zu bemühen und diese gegebenenfalls auch zu revidieren.

Bitte beurteilen Sie im Folgenden, welches Verhalten Sie als besonders auffällig empfinden, in dem Sie Zahlen von 1 bis 5 vergeben. Welche Maßstäbe liegen Ihrer Beurteilung zugrunde? Welcher Maßstab überwiegt?

- Schüler schaut an mir vorbei, durch mich hindurch.
- Schüler wiederholt ständig, was ich sage.
- Schüler spielt mit Körperflüssigkeiten.
- Schüler knackst mit Fingern und mit dem Kopf.
- Schüler stülpt die Augenlieder um.
- Schüler schneidet, ritzt sich mit Gegenständen.
- Schüler hebt mit einer Nadel die Haut hoch.
- Schüler schreit laut, brüllt, droht mir.
- Schüler beleidigt mich massiv.
- Schüler spielt und klopft mit Gegenständen.
- Schüler zerreißt Arbeitsblätter und Proben.
- Schüler weint hysterisch.
- Schüler umarmt mich, will mich anfassen.
- Schüler läuft weg, versteckt sich.
- Schüler knallt Türen, wirft Stühle um.
- Schüler provoziert andere heimlich.

- Schüler lügt, betrügt, trickst.
- Schüler weigert sich, das Zimmer zu verlassen.
- Schüler sitzt unter dem Tisch.
- Schüler schlägt mit dem Kopf gegen die Wand.
- Schüler zerstört eigene fertige Arbeiten.
- Schüler sammelt Insekten und tötet sie.
- Schüler bewirft Tiere mit Steinen.
- Schüler „fegt“ seine Materialien vom Tisch.

Auf den Punkt gebracht!

- Es gibt verschiedene Bezugsmaßstäbe, um zu beurteilen, ob ein Verhalten auffällig ist.
- Es bestehen implizite und explizite Normen zur Beurteilung von Verhaltensweisen.
- Ein professioneller pädagogischer Umgang mit Schülern mit Verhaltensauffälligkeiten reflektiert stets das Zustandekommen und Zusammenwirken der angelegten Beurteilungsmaßstäbe und Normen. Eine solche Reflektion schließt das Revidieren von Urteilen und Reaktionen mit ein.

1.5 Klassifikation oder Einteilung?

Wer schon einige Jahre als Lehrkraft tätig ist, weiß: Auffälligkeiten des Verhaltens und Erlebens umfassen ein sehr breites Spektrum von Ausprägungsformen. Diese könnte man natürlich stets individuell betrachten. Man könnte aber auch versuchen, sie in Gruppen einzuteilen und zu untergliedern, um so systematischer Aufschluss über Ursachen, Auftreten und Zusammenhänge zu anderen Phänomenen zu erhalten.

Kriterien?

Allerdings fehlen dafür bislang Kriterien, um eine echte „Klassifikation“ vornehmen zu können. Dafür bräuchte es trennscharfe Kriterien, die das auffällige Verhalten eindeutig einer Gruppe zuordenbar machen. Doch dies ist oft nicht möglich, da bestimmte Verhaltensweisen bisweilen typisch für mehrere verschiedene Ausprägungsformen, Störungsbilder oder Phänomene sind. Ein Schüler mit einer bestimmten Problematik müsste sich dann einer dieser Gruppen genau zuordnen lassen. Die Psychiatrie bemüht sich um solche Klassifikationssysteme, kommt aber auch nicht ohne Doppel- oder Mehrfachdiagnosen aus. Für den Unterricht mit betroffenen Kindern sowie die pädagogische Praxis im Grundsätzlichen liegen solche strengen Klassifikationssysteme nicht vor. Bei allem verständlichen Wunsch, in einer sehr schwierigen Situation mit einem Schüler wissen zu wollen, woran man ist und „dem Kind einen Namen zu geben", ist es doch fraglich, ob ein Klassifikationssystem notwendig und wünschenswert ist, gerade dann, wenn man das Anliegen vertritt, Kinder als einzigartige Individuen anzusehen und sie entsprechend zu begleiten. Für eine grundsätzliche Ordnung kann an Stelle einer Klassifikation in der Pädagogik wohl eine Einteilung genügen, die beispielsweise rein beschreibend das Escheinungsbild erfasst. Allerdings käme hier, selbst wenn auf Wertungen in der Beschreibung verzichtet wird, das Erleben des jeweiligen Kindes deutlich zu kurz.

Einteilung statt Klassifikation

Daher wäre zu überlegen, ob nicht auch eine Einteilung nach Erklärungen möglich wäre: z. B. verursacht durch den Erziehungsstil der Eltern oder den Leistungsanspruch der Schule oder den Einfluss der Peers. Eine dritte Möglichkeit bestünde darin, nach angezeigten Fördermaßnahmen einzuteilen, was aber die Gefahr mit sich brächte, die Problematik wiederum nur beim Schüler zu sehen.

Auf den Punkt gebracht!

- Verhaltensauffälligkeiten sind in ihren Erscheinungsweisen sehr unterschiedlich und lassen sich nicht eindeutig mit einem Klassifikationssystem erfassen.
- Die Pädagogik muss vorsichtig sein, auffälliges Verhalten zu klassifizieren oder einzuteilen, um der individuellen Situation des einzelnen Kindes gerecht werden zu können.
- Mit der Einteilung oder Klassifikation, wie beispielsweise ADHS oder Angststörung oder Depression, ist aus pädagogischer Sicht nur wenig gewonnen, weil die Benennung nicht von der Aufgabe pädagogischen Handelns und der Gestaltung von Unterricht mit dem betroffenen Schüler entbindet.

1.6 Erklären und Verstehen

Das Erkennen und Erklären massiver Auffälligkeiten im Verhalten und Erleben benötigt eine differenzierte fachliche Diagnostik, die von Experten wie beispielsweise Sonderpädagogen im Mobilen Sonderpädagogischen Dienst, Schulpsychologen oder Kinder- und Jugendpsychiatern vorgenommen wird.

Für den schulischen Bereich wird ein sogenannter Förderbedarf im Bereich der emotionalen und sozialen Entwicklung festgestellt, bei aller bereits benannten Problematik, die das mit sich bringt (Kap. 1.3).

fachliche Diagnostik

Im Rahmen der inklusiven Beschulung von Kindern wird in den 2010er Jahren darüber diskutiert, inwieweit damit auch eine Etikettierung als „auffällig", „gestört" oder „förderbedürftig" erfolgt, die den betroffenen Schüler stigmatisiert. Andererseits muss man sich fragen, auf welcher Basis Schülern Hilfe zuteilwerden soll, wenn nicht benannt und erfasst wird, was ihnen Probleme bereitet und wodurch sie in der Schule in Schwierigkeiten geraten.

Etikettierung oder Hilfebedarf?

Dieses sogenannte „Etikettierungs-Ressourcen-Dilemma" lässt sich wohl nicht ohne Weiteres lösen und die Notwendigkeit, dem einzelnen Kind Hilfe und Unterstützung zukommen zu lassen, gerade wenn möglicherweise auch das Kindeswohl oder das Wohl der Mitschüler in Frage gestellt sind, ist unabhängig davon weiterhin gegeben.

Gerade mit Blick auf Kinder mit Verhaltensauffälligkeiten in der Grundschule ergibt sich darüber hinaus noch eine weitere Problematik: Wünschenswert wäre es, dass Diagnostik nicht erst dann zum Einsatz kommt, wenn sich Probleme manifestiert haben, sondern vorab so präventiv und durch eine begleitende Diagnostik unterstützend gearbeitet werden könnte, dass es erst gar nicht zu gravierenden Verhaltensauffälligkeiten kommt. Dazu bedürfte es einer erheblichen Sensibilität aller Lehrkräfte für ihre Schüler – besonders in den ersten Jahren der Grundschule. Umgekehrt besteht die Gefahr, Schüler bereits in jungem Alter einem „Generalverdacht" auszusetzen und sie permanent durch Screenings und ähnliche Verfahren auf Verdacht hin zu überprüfen und gegebenenfalls zu fördern. Unberücksichtigt bleibt bei diesen Überlegungen jedoch, dass Kinder nicht als „unbeschriebenes Verhaltensblatt" eingeschult und präventiv gefördert werden, sondern sich bei manchem Erstklässler Verhaltensauffälligkeiten bereits so manifestiert haben, dass ein regulärer Unterricht nur schwer möglich ist. Dieser Umstand führt dazu, vertieft danach zu fragen, wie sich das Entstehen und Auftreten von Verhaltensauffälligkeiten erklären lässt.

zahlreiche Erklärungsansätze

Sowohl in der Psychologie als auch in der Soziologie existieren dazu eine Fülle an Ansätzen und Überlegungen, aus denen im Folgenden bewusst zwei Ansätze herausgegriffen werden sollen.

Beim ersten Erklärungsansatz stehen das beobachtbare *Verhalten* im Vordergrund sowie die Annahme, dass Verhalten erlernt ist. Der zweite Erklärungsansatz fokussiert stärker auf das *Erleben* von Kindern in der frühen Kindheit und leitet daraus Konsequenzen für das Verhalten im weiteren Leben ab. Mit beiden Ansätzen lassen sich Verhaltensauffälligkeiten nicht umfassend erklären, aber sie erscheinen relevant, um die beiden wesentlichen Eckpfeiler der Pädagogik bei Verhaltensstörungen zu repräsentieren und schaffen eine wichtige Grundlage für das Verstehen von Situationen aus der Praxis (Kap. 4).

Lernen und auffälliges Verhalten

> **Der Behaviorismus ist eine wissenschaftliche Theorie, die davon ausgeht, dass jede Verhaltensweise erlernt ist und daher auch wieder verlernt werden kann.**

Bekannt sind vor allem die Experimente und Ausführungen zu klassischem und operantem Konditionieren (Skinner 1973). Ihre Grundlagen basieren auf genauen Beobachtungen und Analysen von Verhaltensweisen. Daraus werden Reaktionen abgeleitet, die auf das Verhalten einwirken sollen.

Konditionieren

Diese Reaktionen sind bekannt als positives und negatives Verstärken, Vermeiden, Ignorieren und Löschen. Sie finden sich in der Pädagogik in Erziehungsmitteln wie beispielsweise manchen Formen von Lob, Tadel, Ermahnung, Strafe und Zurechtweisung wieder. Die Annahme lautet, dass die Konsequenzen, die auf eine Verhaltensweise folgen, auf die Verhaltensweise zurückwirken. Die Erfahrungen mit wiederkehrenden Störungen im Unterricht lassen vermuten, dass diese Annahme nur begrenzt stimmen kann.

Gehirn als Black Box?

Dem Behaviorismus wird vorgeworfen, das Gehirn wie eine „Black Box" zu betrachten und zu glauben, der Mensch sei ein reines Reiz-Reaktionswesen, das konditioniert werden könne. Das Innenleben und damit das subjektive Erleben einer bestimmten Situation komme in den Annahmen des Behaviorismus völlig zu kurz, so die Kritiker. Ein Vorwurf, der nur begrenzt berechtigt ist.

Gerade in der Schule aber kommen verschiedene behavioristisch orientierte Instrumente zum Einsatz.

Token-Systeme

Besonders beliebt sind sogenannte Token-Systeme, über die Verhaltensweisen von Kindern im Unterricht positiv aber auch negativ verstärkt werden sollen. Diese Token-Systeme sind für Kinder gut geeignet, die über eine ausreichende Frustrationstoleranz und ein stabiles Selbstwertgefühl verfügen. Sie können lernen, mithilfe der Token ein spezielles Ziel zu erreichen oder eine bestimmte Verhaltensweise dauerhaft zu zeigen bzw. zu unterlassen.

Allerdings trifft für viele Kinder mit Verhaltensauffälligkeiten der Umstand zu, dass sie aufgrund ihrer biografischen Erfahrungen und Belastungen nicht gut oder gar nicht warten können.

Selbstwert und Frustration

Sie können oft kaum Bedürfnisaufschub leisten und ihre Frustrationstoleranz ist meist sehr niedrig. Für diese Kinder sind Token-Systeme nicht zielführend und verändern ihre Verhaltensweisen nicht wirklich. Ganz im Gegenteil: Die Token führen dazu, dass das Ausmaß an Frust verstärkt und ihr Selbstwert weiter vermindert wird.

Response-Cost-Verfahren

Noch problematischer erweisen sich gerade für solche Kinder Response-Cost-Systeme, bei denen die Kinder zu Beginn des Unterrichtstages mit einer Anzahl an Punkten oder Token ausgestattet werden, die ihnen bei Fehlverhalten nach und nach weggenommen werden und letztlich zu einer Strafe führen. Leidvoll sind solche Systeme vor allem für die Kinder, die mit Performanzproblemen zu kämpfen haben: Kinder also, die sich z. B. gerne an die Regeln halten wollen, es aber beim besten Willen nicht können.

Einsatz von Token

Gute Token-Systeme sind lange durchdacht im Hinblick darauf, für wen sie zur Anwendung kommen und auch im Hinblick auf die Belohnungen oder Strafen, die in Aussicht stehen. Diese sollten stets an der Sache orientiert sein, die durch den Einsatz eines Token-Systems erreicht werden soll und Rücksicht nehmen auf die individuelle Frustrationstoleranz und das Selbstwertempfinden eines Kindes.

keine Smileys

Zu vermeiden sind Token in Form von Smileys. Sie stehen durch ein lachendes oder ein weinendes Gesicht jeweils für eine Emotion und diese wird durch den Einsatz als Token mit bestimmten Verhaltensweisen verknüpft. Wird beispielsweise aggressives Verhalten mit einem weinenden Smiley negativ verstärkt, wird dem Kind signalisiert, dass Aggression eine schlechte Emotion sei, die es zu vermeiden gilt. Es ist aber nicht grundsätzlich richtig, dass Aggression eine negative Emotion ist; genauso wenig wie Freude immer angebracht ist. Die Gesichter der Smileys stehen zudem für Personen. Aus Sicht des Behaviorismus können aber keine Personen, sondern nur Verhaltensweisen verstärkt werden.

Überlegen Sie, für welche Ihrer Schüler ein Token-System wirklich Sinn macht. Entwerfen Sie einen Plan, in dem deutlich wird, welches Verhalten verstärkt werden soll und überlegen Sie sich eine sachbezogene Belohnung.

Auf den Punkt gebracht!

- Der Behaviorismus versteht Verhaltensauffälligkeiten als erlernt und geht davon aus, dass sie auch wieder verlernt werden können.
- Der Behaviorismus läuft Gefahr, das subjektive Erleben von Kindern zu vernachlässigen.
- Behavioristisch geprägte Instrumente, wie z.B. Token-Systeme können für bestimmte Schüler hilfreich sein. Für viele Kinder mit Verhaltensauffälligkeiten sind sie aber auch problematisch.
- Wer mit behavioristischen Mitteln arbeitet, muss stets bedenken, dass nur das Verhalten, nicht aber die Person verstärkbar sind.

Bindung und auffälliges Verhalten

Die **Bindungstheorie** (Bowlby 2016) erklärt verschiedene Formen auffälligen Verhaltens über frühkindliche Erfahrungen und widmet sich damit stärker dem *inneren Erleben* von Kindern und weniger dem beobachtbaren Verhalten.

Dabei spielt vor allem die Art und Weise, wie Eltern mit ihrem Kind umgehen, eine besondere Rolle. Die seelische Bindung wird als grundlegender emotionaler Bezug zwischen Menschen und zwischen Mensch und Umwelt angesehen. Sie geschieht meist unbewusst und basiert auf Erfahrungen mit Körperkontakt und Gefühlen.

seelische Bindung und Sicherheit

Die Bindungstheorie geht davon aus, dass sich die seelische Bindung ab dem Zeitpunkt der Zeugung entwickelt und sich besonders bei und nach der Geburt ausprägt. Das ist auch der Grund, weshalb es üblich ist, dass Mütter ihr Baby sofort nach der *Entbindung* zum Aufbau einer *sicheren Bindung* auf die Brust gelegt bekommen. Entscheidend ist, dass Eltern „feinfühlig" (Ainsworth / Salter 1978) mit ihrem Kind umgehen und dabei seine Signale richtig lesen und beantworten. Dies bedeutet, das Kind weder unter- noch überzuversorgen, also weder zu vernachlässigen noch überzubehüten. Ein strenges oder genaues Maß gibt es dafür nicht. Entscheidend ist aus Sicht der Bindungstheorie, dass die Reaktionen der Eltern auf die Signale des Babys in einer angemessenen Frustrationszeit erfolgen.

Die Gefahr, die stets besteht, ist, dass Signale falsch interpretiert, verzerrt oder umgedeutet werden und darüber beispielsweise eigene, elterliche Bedürfnisse auf das Kind übertragen werden – z. B. nach dem Motto: „Du sollst es mal besser haben als ich …"

feinfühliges Verhalten

Es wird angenommen, dass die Qualität der Bindung besonders in den ersten drei Lebensjahren von besonderer Bedeutung ist und sich nach und nach als Bindungsmuster verfestigt. Damit sind Bindungserfahrungen wesentlich dafür verantwortlich, wie im späteren Leben mit Gefühlen wie Liebe, Angst, Wut, Scham, Stolz usw. umgegangen werden kann. Nachweisen kann man die Bindungsmuster von Kleinkindern durch den sogenannten Fremde-Situations-Test, in dem in einer Experimentalsituation die Reaktion des spielenden Kindes auf die Trennung von der Mutter und die Reaktionen auf ihre Wiederkehr beobachtet wird.

Bindung bestimmt Gefühle

Dabei lassen sich Kinder im Normalfall einem von drei grundsätzlichen Bindungsmustern zuordnen. *Sicher gebundene Kinder* zeigen ein deutliches Bindungsverhalten, rufen nach der Mutter und sind deutlich gestresst. Auf ihre Wiederkehr reagieren sie mit Freude und wollen getröstet werden. Sie beruhigen sich schnell und können sich wieder ins Spiel vertiefen. *Unsicher-vermeidend gebundene* Kinder reagieren auf die Trennung mit wenig Protest und spielen weiter. Sie wollen bei der Wiederkehr eher nicht getröstet werden und suchen keinen intensiven Körperkontakt. *Unsicher ambivalent gebundene* Kinder zeigen großen Stress und weinen heftig. Sie lassen sich kaum beruhigen und tun sich schwer, ins Spiel zurückzufinden. Im Körperkontakt suchen sie Nähe, um getröstet zu werden, wehren sich zugleich aber auch, um ihre Wut zum Ausdruck zu bringen.

drei normale Bindungsmuster

Wachsen Kinder in Dauerstresssituationen auf oder erleben Traumatisches, kann es zu einer Bindungsstörung kommen, die sich durch desorganisierte Verhaltensweisen ausdrückt. Ihr Bindungsmuster wird dann entweder als *unsicher-vermeidend-desorganisiert* oder als *unsicher-ambivalent-desorganisiert* bezeichnet (Crittenden 1995) und weist darauf hin, dass sie in Stresssituationen keine geeigneten Verhaltensmuster zur Verfügung hatten, um mit der Situation umgehen zu können.

Dauerstress und Traumata

Kinder, die unsicher-vermeidend-desorganisiert gebunden sind, haben oft Erfahrungen der Vernachlässigung gemacht und früh gelernt, dass von Erwachsenen keine Sicherheit ausgeht, ganz im Gegenteil. Ihre „Erkenntnis" lautet: Auf Erwachsene kann man sich nicht verlassen, von ihnen geht Gefahr aus und man sollte sie am besten meiden. Sicher kann man sich nur fühlen, wenn man für sich selbst sorgt, alles selbst macht und kontrolliert. Dagegen haben unsicher-ambivalent-desorganisierte Kinder oft die Erfahrung gemacht, dass nicht klar ist, ob sie sich auf Erwachsene verlassen können.

Vernachlässigung

Mal wurden ihre Signale angemessen beantwortet, dann wieder gar nicht.

Verlässlichkeit

Ihre „Erkenntnis“ lautet: Man kann nicht wissen, ob man sich auf Erwachsene verlassen kann, deshalb ist es besser, die Beziehung zu Erwachsenen ständig zu prüfen und zu testen.

Untersuchungen zeigen, dass sich Kinder mit diesen Bindungsmustern vielfach in Kinder- und Jugendhilfeeinrichtungen finden lassen, dass ihre Eltern oft selbst erheblichen psychischen Belastungen ausgesetzt sind oder traumatische Erfahrungen, beispielsweise durch Gewalterfahrungen oder Missbrauch gemacht wurden. Wie aber äußern sich Bindungsstörungen im Unterricht?

Sie lassen sich nur schwer diagnostizieren oder eindeutig festschreiben, aber es lassen sich wichtige Hinweise im Verhalten der Kinder finden, die auf eine Bindungsstörung hinweisen können. Aus diesen Hinweisen lassen sich auch wichtige Folgerungen für den Unterricht ableiten (Kap. 3.2).

Verhaltensweisen

Kinder, die unsicher-vermeidend-desorganisiert gebunden sind, fallen meist durch folgende Verhaltensweisen auf:

- Sie zeigen kaum Verunsicherung oder Angst, was nicht heißt, dass diese nicht existieren.
- Sie bestreiten zumeist, dass sie Hilfe durch die Lehrkraft benötigen und äußern dies auch, z. B. „Kann ich schon!“ oder „Brauch ich nicht!“ oder „Hab ich schon gemacht!“.
- Die emotionale und körperliche Nähe der Lehrkraft wird nur schwer ausgehalten und abgelehnt. Ihnen geht es gut, wenn die Lehrkraft sie in Ruhe lässt.
- Sie reagieren auf Arbeitsanweisungen durch die Lehrkraft schnell aggressiv auf diese oder andere Personen.
- Ihre Leistungen im sprachlichen Ausdruck und im kreativen Denken sind eher eingeschränkt, weil sie sich wenig explorativ verhalten und (daher) kaum Übung haben.

Kinder, die unsicher-ambivalent-desorganisiert gebunden sind, fallen meist durch folgende Verhaltensweisen auf:

- Sie weisen ein hohes Maß an Ängsten und Unsicherheiten auf und äußern dies auch.
- Sie haben ein überaus hohes Bedürfnis nach Zuwendung durch die Lehrkraft und nehmen auch Strafen in Kauf, wenn sie dadurch die Aufmerksamkeit der Lehrkraft gewinnen können.
- Sie haben bisweilen Probleme in der selbstständigen Aufgabenbewältigung und versichern sich immer wieder bei der Lehrkraft.

- Sie halten eine Arbeitsphase meist nicht durch, weil sie Angst haben, die Aufmerksamkeit durch die Lehrkraft zu verlieren.
- Sie sind sprachlich meist recht gut, weisen aber eher schlechte schriftliche und rechnerische Leistungen auf.

Überlegen Sie, ob Sie Schüler unterrichten, die mit einer Bindungsstörung zu tun haben könnten. Beschreiben Sie das Verhalten dieses Schülers schriftlich so sachlich und wertfrei wie möglich. Vergleichen Sie Ihre Aufzeichnung mit den hier aufgeführten typischen Verhaltensweisen.

Auf den Punkt gebracht!

- Die Bindungstheorie widmet sich frühkindlichen Erfahrungen und ihren Auswirkungen auf die seelische Bindung von Kindern. Sie leitet daraus Folgerungen für spätere Verhaltensweisen ab.
- Kinder mit Bindungsstörungen kommen meist aus Hochrisikofamilien und zeigen spezifische, auffällige Verhaltensweisen im Unterricht.

Bowlby, J. (2016): Frühe Bindung und kindliche Entwicklung. 7. Aufl. Ernst Reinhardt, München/Basel

Jungmann, T., Reichenbach, Ch. (2016): Bindungstheorie und pädagogisches Handeln. verlag modernes lernen. Borgmann, Dortmund

Köhler-Saretzki, T. (2017): Wo ist Wilma? Ein Bilderbuch über Bindungsmuster. BALANCE buch + medien, Köln

1.7 Kinder mit Verhaltensauffälligkeiten zwischen Exklusion und Inklusion

Kinder mit Verhaltensauffälligkeiten gelten als „Nagelprobe“ der Inklusion. Die Auseinandersetzung mit ihnen ist oft sehr anstrengend und der professionelle Umgang mit ihnen nicht einfach. Hinzu kommt, dass sie in Klassen beschult werden, die zumeist von sehr vielen Kindern besucht werden.

Nagelprobe der Inklusion

Das bedeutet, dass sich eine Lehrkraft in der Grundschule, unabhängig von Kindern mit massiven Verhaltensauffälligkeiten, mit einer Vielzahl an individuellen Bedürfnissen einerseits und den Leistungsansprüchen der Schule andererseits auseinandersetzen muss.

Grenze des Leistbaren

Im Alltag führt dies zu vielen Unterrichtsstörungen und Erziehungsschwierigkeiten, die es zu bewältigen gilt. Durch die inklusive Beschulung von Kindern mit Verhaltensauffälligkeiten verstärkt sich diese Dynamik erheblich, und führt in vielen Fällen über das Maß des Leistbaren hinaus.

Gleichzeitig muss sich die Grundschule systemisch die Frage gefallen lassen, inwieweit sie ihrem Auftrag (noch) gerecht wird, eine Schule für alle Kinder zu sein.

Auftrag der Grundschule?

Angesichts des vorherrschenden Leistungsverständnisses und dem damit in Verbindung stehenden Druck, der bisweilen auf Kindern lastet, trägt sie auch dazu bei, Verhaltensauffälligkeiten zu erzeugen oder zu erhalten statt ihnen entgegenzuwirken oder sie abzubauen.

Kinder mit Verhaltensauffälligkeiten sind oft vielfältigen Exklusionserfahrungen ausgesetzt: Zuhause ist alles nur konfliktbeladen, im Verein sind sie rausgeflogen und in der Schule will niemand neben ihnen sitzen.

Exklusionserfahrungen

Auch wenn dies eine holzschnittartige Beschreibung ist, so sind die Erfahrungen dieser Kinder oft tiefgreifend und führen vielfach zu Leid und Trauer – bei ihnen selbst, aber auch in ihrem Umfeld.

Schule ist so organisiert, dass sie auf ein gewisses Maß an Gruppenfähigkeit setzt. Es gibt jedoch Kinder, die durch ihre biografischen Erfahrungen emotional und sozial so hoch belastet sind, dass sie nur fünf oder zwei oder gar kein anderes Kind neben sich ertragen.

Kinder, die niemanden ertragen

Eine grundsätzliche Frage im Zusammenhang der Inklusion von Kindern mit Verhaltensauffälligkeiten lautet daher: Wie viele andere Menschen kann ein hoch belastetes Kind ertragen?

Eine andere Frage lautet: Stellt jede Verhaltensweise eine Bereicherung innerhalb einer Klasse dar? Die Antwort lautet mit Sicherheit „nein“, vor allem dann, wenn es zu gewalttätigen oder sexuell motivierten Übergriffen, selbstverletzendem Verhalten und Delinquenz kommt:

Verhalten als Bereicherung?

„Nicht jedes schwierige Sozialverhalten stellt eine Bereicherung des schulischen Zusammenlebens dar. […] Es scheint so, als träfen ausschließlich Schüler aufeinander, die guten Willens sind, bereit und in der Lage, sich miteinander zu verständigen. Auftretende Probleme sollen mit den gängigen pädagogischen Mitteln gelöst werden, eventuell unterstützt durch sonderpädagogische Hilfen. Aggressivität und Destruktivität, die diesen gemeinsamen Rahmen sprengen, haben im Normalitätstheorem keinen Platz, Grenzen einer fruchtbringenden Vielfalt kommen nicht vor. Als manifestes Phänomen sind sie jedoch unübersehbar, insbesondere, wenn sie sich nach außen und gegen andere Personen richten“ (Ahrbeck 2011, 65).

Inklusion darf also nicht so tun, als sei das Miteinander von vielen verschiedenen Menschen in der Verbindung zu einer Lerngemeinschaft grundsätzlich gut. Die Zunahme des emotional-sozialen Förderbedarfs sowie die Quote der Kinder, die schon in jungen Jahren an einer psychischen Störung erkranken, lässt den Schluss zu, dass es eine intensive Unterstützung aller Schularten benötigt, besonders dann, wenn sie sich den Herausforderungen eines inklusiven Unterrichts stellen. Im Sinne der Kinder aber, die kein anderes Kind neben sich aushalten (können) und im Sinne der Kinder, die es vor Übergriffen und Verletzungen zu schützen gilt, werden spezielle Schulen auch in Zukunft unerlässlich sein. Dort, wo diese Schulen abgeschafft werden, droht die Gefahr, dass Kinder mit massiven Verhaltensauffälligkeiten eine Inklusion der anderen Art erleben: nämlich Einschluss (lat.: in-cludere) in Psychiatrien, Forensiken und Justizvollzugsanstalten.

Ahrbeck, B. (2011): Der Umgang mit Behinderung. Kohlhammer, Stuttgart

2 Kinder mit Verhaltensauffälligkeiten erziehen

2.1 Was ist Erziehung?

Kinder mit Verhaltensauffälligkeiten zu unterrichten, bedeutet nicht nur, über Unterrichtskonzepte, Unterrichtsprinzipien und spezifische Methoden nachzudenken, sondern gleichermaßen auch über Erziehung. Man könnte die schulische Aufgabe mit diesen Schülern auch als *erziehenden Unterricht* bezeichnen, in dem Aufgaben und Ziele von Erziehung durch Unterricht mit-verwirklicht bzw. mit Inhalten verwoben werden. Erziehung mit und für Kinder mit Verhaltensauffälligkeiten ist demnach kein Additum, sondern integraler Bestandteil des Unterrichtsgeschehens.

Erziehung kann scheitern

In vielen Fällen stammen Kinder, die durch ihr Verhalten auffallen, aus Elternhäusern, die aus den verschiedensten Gründen ihren Erziehungsaufgaben nicht nachkommen. Das kann an fehlender Unterstützung durch den Partner liegen, an fehlender Zeit und Fähigkeit, etwas durchzusetzen und auszuhalten, aber auch an psychischen Erkrankungen und sozialen Belastungen von Elternteilen, die dazu führen, dass Kinder oft einem sehr ambivalenten Erziehungsprozess ausgesetzt sind.

Erziehung muss gewollt sein

Doch Erziehung geschieht nicht von selbst, sie ist kein Naturereignis, sondern muss gewollt werden. Die Tatsache, dass Kinder in der Regel bei ihren Eltern, zumindest aber bei einem Elternteil aufwachsen, und dass Lehrkräfte für Schüler verantwortlich sind, garantiert keineswegs, dass nachhaltige Erziehungsprozesse in der Schule in Gang kommen.

Erziehung kann dann gelingen, wenn Eltern dazu bereit und pädagogisch Professionelle dafür engagiert sind. Sie muss absichtsvoll sein, auch wenn sie sich nicht „machen" lässt, es keine Rezepte für schwierige Erziehungssituationen gibt und gerade das Durchhalten immer wieder sehr herausfordernd sein kann.

keine Rezepte

Es gibt unterschiedlichste Auffassungen von Erziehung, aber generell lässt sich sagen, dass Erziehung immer gemeinsames Handeln auf ein Ziel hin ist. Die in einem Rahmen, z. B. dem der Grundschule, stattfindenden Aushandlungsprozesse sind oft mühsam und langwierig, jedoch notwendig und gewinnbringend. Mit Blick auf Kinder mit Verhaltensauffälligkeiten treten häufig Probleme der sozialen Einbindung auf, noch stärker jedoch Gefahren einer personalen Desintegration, wenn sich Kinder durch ihr Verhalten von sich selbst und anderen auszuschließen drohen. Für die erzieherische Arbeit spielen daher zwei Aspekte eine zentrale Rolle: Kinder sollen befähigt werden, zum einen ein individuell sinnstiftendes und erfülltes Leben zu führen und zum anderen, am öffentlichen Leben einer Gesellschaft verantwortlich teilzunehmen.

Sorge für sich und andere

Ziel jeglicher Erziehung ist es demnach, bei der Entwicklung einer Person hilfreich zu sein – einer Person, die letztendlich weitgehend eigenständig werden soll, ihre eigenen Belange so gut es geht selbst regelt und verantwortet, mit den Dingen, mit anderen Menschen und mit sich selbst kritisch und fürsorglich umgeht, für sich selbst spricht, plant und handelt – alles in allem: ein mündiger Mensch. Dies kann jedoch nur gelingen, wenn Erziehung gleichermaßen soziale Kompetenzen zu vermitteln anstrebt – die Bereitschaft und Fähigkeit, auf die Belange anderer zu achten, die Zukunft einer Gemeinschaft und einer Gesellschaft verantwortlich mitzugestalten und so ein sozialer Mensch zu werden. Ein nach Möglichkeit autonomer Mensch (Speck 1997) als Ziel von Erziehung versucht demnach, in seinem Denken und Handeln beides gleichermaßen zu vereinbaren: Verantwortung für sich selbst (mündig) und gegenüber den Mitmenschen (sozial).

Natürlich gibt es keine allzeit gültige Antwort auf die Frage, was denn Erziehung sei und wie sie im Rahmen der Grundschule Kindern hilfreich sein kann, zu autonomen Menschen zu werden.

Erziehung verändert sich

In dem Maße, in dem sich die gesellschaftlichen und individuellen Bedingungen verändern, unter denen ein Kind heranwächst, ändern sich auch die Vorstellungen und viele der Zielsetzungen mit Blick auf mögliche Erziehungsaufgaben. Entscheidend erscheinen dabei folgende Aspekte:

- die grundlegenden Veränderungsprozesse medialer Kommunikationsformen, wie beispielsweise eine fortschreitende Digitalisierung und die Konfrontation mit virtuellen Lebenswelten einschließlich der damit verbundenen Veränderung sozialer Welten und des Spielverhaltens;
- die kulturelle und soziale Zusammensetzung einer Gesellschaft, die beispielsweise durch Kinder mit Migrationshintergrund und ihre Familien mitbestimmt wird;
- die zunehmende Komplexität und analog dazu die Unübersichtlichkeit von Lebenswelten und Sinnstrukturen, wie sie sich beispielsweise für

sozial benachteiligte Familien im Umgang mit Behörden oder durch den Verlust sozialer Bindungen zeigen kann;
- die verschärfte Arbeitsmarktsituation, die beispielsweise dazu führt, dass mehr und mehr Kinder in Armut und sozialer Benachteiligung aufwachsen und darüber auch innerlich zu verarmen drohen (Müller 2008).

Rolle der Kinder

Kinder stehen den Maßnahmen und Zielsetzungen von Erziehung nicht willenlos gegenüber, sondern können sich diesen anpassen und sich auf diese einlassen, sich ihnen aber auch verschließen und etwas entgegensetzen. Die Gründe hierfür können vielfältig und vielschichtig sein, weshalb einfache Erklärungsversuche und Maßnahmen für ein tieferes Verstehen zu kurz greifen und erzieherisches Handeln verkürzen.

Erziehung von Kindern mit Verhaltensauffälligkeiten im Kontext der Grundschule benötigt und realisiert für ihre Aufgabe unter diesen Bedingungen und Herausforderungen insbesondere zweierlei – das Schaffen von stabilen, aber dennoch veränderbaren Rahmenbedingungen einerseits und das Anbahnen, Aufrechterhalten und Pflegen verlässlicher Beziehungen andererseits:

Stabilität und Verlässlichkeit

- Stabile, aber dennoch veränderbare Rahmenbedingungen (für den Unterricht konkretisiert in Kap. 3.1) sind einerseits räumliche Gegebenheiten, von Gebäuden und Räumen – vom Schulgebäude bis hin zum individuellen Arbeitsplatz; es sind aber auch „Zeit-Räume", die den Tagesablauf von Kindern strukturieren und ihnen so Orientierung vermitteln. Stabile Rahmenbedingungen stellen notwendige Erfahrungsmöglichkeiten dar, sie sind Leitlinie und Grenze und schaffen in der Art ihrer Gestaltung Sicherheit, Halt und Orientierung, aber auch notwendige Einschränkung. Weiterhin ist damit aber auch das normative Gefüge einer Gemeinschaft gemeint sowie der handlungsleitende Kanon an Regeln, Gesetzen und Vereinbarungen, an Sitten und Gebräuchen in einer Gesellschaft, die Kindern transparent und mit diesen gemeinsam handelbar gemacht werden müssen. Rituale, gemeinsam erarbeitete Regeln und die Auseinandersetzung mit Werten, beispielsweise durch Klassenratsitzungen, Konfliktlotsen oder ein Schülerparlament, stützen dies für Kinder mit Verhaltensauffälligkeiten nachhaltig.
- Ohne verlässliche Beziehungen (für den Unterricht konkretisiert in Kap. 3.2) ist Erziehung nicht möglich. Verlässlichkeit meint Klarheit und Eindeutigkeit im Sprechen und mehr noch im Handeln. Eine pädagogische Beziehung ist jedoch nie gleichwertig, sondern ist gekennzeichnet von der Differenz der Lebensalter, der Lebenserfahrungen, der zugeordneten Rollen sowie von der Asymmetrie im Verhältnis von erziehender und zu erziehen-

der Person. Falsch verstandenes, partnerschaftliches Denken kann gerade Kinder mit Verhaltensauffälligkeiten zusätzlich belasten. Sie sind dringend auf verlässliche, Orientierung vermittelnde Erwachsene angewiesen. Umgekehrt besteht immer die Gefahr, dass Kinder, die sich aufgrund ihrer biografischen Belastungen als ohnmächtig erleben, gegen Erziehungsmaßnahmen durch Erwachsene in der Schule vorgehen und sich widersetzen, weil sie eine Vergrößerung ihres Ohnmachtserlebens befürchten.

Macht und Ohnmacht

Belastbare Beziehungen zu professionell handelnden Lehrkräften werden für Kinder vor allem am oszillierenden Verhältnis von Nähe und Distanz, von Begrenzung und Freigabe sowie von Transparenz und Reflexion erfahrbar. Dabei muss Erziehung in Grundschulen insbesondere Kindern mit Verhaltensauffälligkeiten ermöglichen, Erfahrungen zu sammeln und die eigenen Lernprozesse selbst zu organisieren. Das heißt, die Grundschule darf auch nicht alles, was schwierig, problematisch oder auffällig erscheint, rigoros unterbinden.

soziale Erprobungsräume

Sie muss jenseits ihrer stofflichen Leistungsorientierung auch Räume schaffen, in denen Sozialverhalten abgesichert erprobt, die Regulation von Emotionen geübt und Eigensinn kultiviert werden kann.

Auf den Punkt gebracht!

- Ziel von Erziehung ist der autonome Mensch, der mit Blick auf sich und andere verantwortlich handelt.
- Kinder mit Verhaltensauffälligkeiten fürchten bisweilen eine Vergrößerung ihres Ohnmachtsempfindens durch Erziehungsmaßnahmen und „wehren“ sich daher.
- Grundschulen realisieren Erziehung für Kinder mit Verhaltensauffälligkeiten insbesondere durch stabile Rahmenbedingungen und verlässliche Beziehungen.

Welche Maßnahmen ergreifen Sie in Ihrer Klasse, aber auch konkret in Ihrer Schule gemeinsam mit anderen Lehrkräften, um Kindern stabile Rahmenbedingungen zu ermöglichen? Woran können Ihre Schüler konkret erkennen, dass Sie eine verlässliche Lehrkraft sind und wie können Sie das Ihren Schülern verdeutlichen? Erstellen Sie eine Sammlung oder Liste und tauschen Sie sich darüber mit anderen Lehrkräften aus.

Opp, G., Fingerle, M. (2008) (Hrsg.): Was Kinder stärkt. 3. Aufl. Ernst Reinhardt, München/Basel

2.2 Vertrauen und Verlässlichkeit

Es wurde bereits deutlich, dass gelingende Erziehung stets auf situativ wechselnde Beziehungsqualitäten angewiesen ist. Insbesondere für Kinder mit Verhaltensauffälligkeiten kann es äußert schwer sein, sich auf Beziehungsangebote einzulassen und adäquat mit diesen umzugehen. Hier gilt es, nicht vorschnell enttäuscht zu sein oder sich von scheinbarer Ablehnung blenden zu lassen.

Vertrauen – pädagogisches Selbstverständnis?

Gerade, wenn Verhaltensweisen von Kindern sehr belastend und herausfordernd sind, hört man immer wieder die Forderung, man müsse „erst einmal Vertrauen schaffen" oder „ohne Vertrauen geht nichts", und nur dann könne man sich den bestehenden Problemen widmen. Vertrauen scheint eine sehr selbstverständliche Grundlage für pädagogische Beziehungsgestaltung zu sein, auch und gerade in der Grundschule und ihrer Befassung mit Kindern, die auffälliges Verhalten an den Tag legen.

Vertrauen hat „dunkle" Seiten

Doch Vertrauen ist ein sehr komplexes Phänomen, das einerseits überlebenswichtig ist, andererseits auch „dunkle Seiten" kennt, beispielweise „blindes" Vertrauen. Besonders seltsam ist das Verhältnis von Vertrauen und Zeit. Manchmal kennt man jemanden kaum und vertraut schon nach kürzester Zeit. Andere Menschen kennt man sehr lange, weiß im Grunde, dass man ihnen vertrauen kann und zögert doch. Man sagt, Vertrauen brauche lange, um aufgebaut zu werden und sei schnell zerstört. Das stimmt aber nur bedingt, denn man denkt nicht lange über Vertrauen nach, sondern vertraut einfach. Es muss kein Zeitmaß zurückgelegt werden und dann vertraut man, sondern es stellt sich ein oder auch nicht. Doch ist Vertrauen erst einmal zerstört, kommt es nicht so schnell zurück, selbst wenn alles dafürspräche, wieder neu zu vertrauen. Vertrauen ereignet sich, noch bevor man darüber nachdenken kann, ob es gerechtfertigt wäre. Das meint aber nicht, dass Vertrauen nicht rational sei.

Vertrauen kennt gute Gründe

Vielleicht kann man sich nicht bewusst entscheiden, zu vertrauen oder nicht; oft gibt es aber gute Gründe, weshalb man vertraut. Diese guten Gründe haben meist mit Handlungen zu tun, die ausgeführt oder unterlassen werden und so das Vertrauen beeinflussen. Schüler, die in der Schule Regeln brechen, Grenzen überschreiten oder sich Anweisungen widersetzen, erscheinen dabei vordergründig oft als Kinder, deren Handlungen keine guten Gründe zu kennen scheinen und denen Vertrauen daher entzogen oder gar nicht erst erwiesen wird. Umgekehrt haben diese Kinder biografisch oft sehr belastende Erfahrungen mit Erwachsenen gemacht, weshalb sie nicht bereit oder in der Lage sind, Lehrkräften – ebenfalls erwachsenen Personen – zu vertrauen. Die Beziehungsgestaltung und das erzieherische Handeln mit diesen Kindern können auch deshalb sehr schwierig sein und an gegenseitigen Erwartungen scheitern.

Vertrauen und belastende Lebenserfahrungen

Vertrauen ist nicht nur „gut“, und gerade die Lebenserfahrungen von Kindern, die Missbrauch, Gewalt und Vernachlässigung erleben, verweisen darauf, dass bisweilen nicht mehr, sondern weniger Vertrauen wünschenswert, dass gesundes Misstrauen angebrachter als blindes Vertrauen wäre. Wie lässt sich damit in der Schule umgehen?

Vertrauen ist nicht Verlässlichkeit

Im Alltag verwendet man Vertrauen und Verlässlichkeit meist gleichbedeutend. Es gibt jedoch einen großen Unterschied: Man muss nicht vertrauen, wenn man sich aufeinander verlässt. Sich-aufeinander-Verlassen bindet an bestimmte Fähigkeiten und Fertigkeiten. Vertrauen dagegen enthält immer ein Moment an Verlässlichkeit, die sich darauf bezieht, dass mit dem geschenkten Vertrauen wohlwollend umgegangen wird. Wer vertraut, akzeptiert demnach, verletzt zu werden und räumt dem anderen einen Ermessensspielraum ein, mit dem Vertrauen umzugehen. Es könnte daher sein, dass Kinder mit Verhaltensauffälligkeiten weniger als andere Kinder bereit sind zu vertrauen, weil sie weniger in der Lage sind, Verletzbarkeit zu akzeptieren. Für die pädagogische Schulpraxis heißt das, Zeiten und Räume zu schaffen, in denen es nicht um Lernen und Leistung, sondern um Lernen und Leben geht – und damit um die Anerkennung der Verletzbarkeit des Kindes vor dem Hintergrund seiner biografischen Erfahrungen.

Zudem ist Vertrauen nicht nur eine personen-, sondern auch situationsbezogene Einstellung. Dessen müssen sich insbesondere pädagogische Einrichtungen, wie die Grundschule, bewusst sein. Sie sind Institutionen mit allen bekannten Negativwirkungen der Macht, und Machtmechanismen können Gift für Vertrauensbeziehungen sein – gerade für diese Kinder. Wer vertraut, erwartet zumeist, dass Vertrauen mit Vertrauen beantwortet wird und vor allem, nicht enttäuscht zu werden. Im Verzicht über die Kontrolle des anderen und in seiner wohlwollenden Anerkennung kann Vertrauen gelingen.

nicht bereit zu vertrauen

Viele Kinder, die sich verhaltensauffällig zeigen, mussten jedoch früh lernen, für sich selbst zu sorgen und sich zu schützen: Sie werden ggfs. Mühe haben, darauf zu vertrauen, dass mit ihrem Vertrauen wohlwollend umgegangen wird.

Die Forschung zeigt, dass belastete Kinder sich Vertrauen von anderen wünschen, sich für vertrauenswürdig halten und die Berücksichtigung ihrer Interessen erwarten, während sie gleichzeitig im Erweisen von Vertrauen zurückhaltend sind (Müller 2017). Vertrauen, das auf Wechselseitigkeit beruht, gerät damit in ein asymmetrisches Verhältnis. Diese Asymmetrie, die im Erziehungsprozess, im institutionellen Machtgefälle und in spezifischen

Vertrauensgeschichten von Kindern mit Verhaltensauffälligkeiten enthalten ist, darf auch im Zuge der inklusionistischen Rede von Normalität und Gleichheit nicht übergangen werden (Abb. 1).

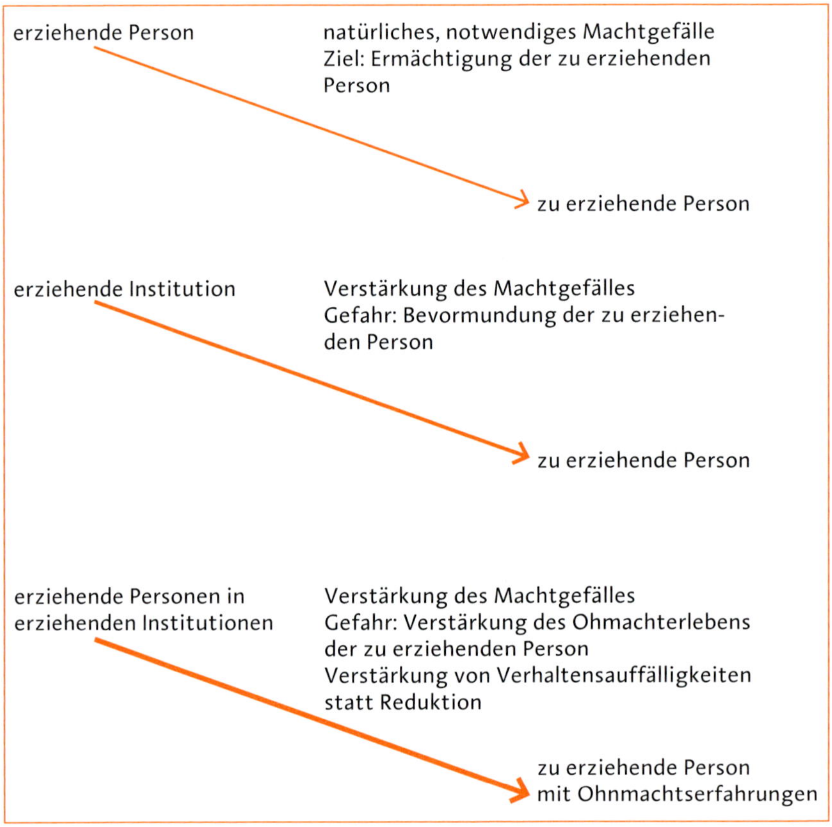

Abb. 1: Sich verstärkende Asymmetrieachsen im Erziehungsprozess

Vertrauen erscheint oft als bedeutsam und doch nicht richtig fassbar.

Verletzbarkeit akzeptieren

Vergegenwärtigt man sich, welche Macht man anderen im Sinne akzeptierter Verletzbarkeit einräumt, wird deutlich: Vertrauen zu erweisen, bedeutet, Macht zu schenken und sich in gewisser Weise der Mächtigkeit anderer auszusetzen, zumindest aber Machtmissbrauch zu riskieren. Im Kontext von Kindern mit Verhaltensauffälligkeiten stellt sich demnach die Frage, inwieweit dem anderen zugetraut wird, verantwortungsvoll mit geschenktem Vertrauen umzugehen. Hier müssen sich Lehrkräfte fragen, inwieweit sie bereit und fähig sind, dieses Zutrauen gerade massiv störenden, übergriffigen, sich und andere verletzenden Kindern entgegenzubringen.

keine Garantie für Vertrauen

Wem Vertrauen geschenkt wird, dem wird auch ein Ermessensspielraum geschenkt, mit dem erwiesenen Vertrauen umzugehen, d.h. die Freiheit, dem Vertrauen nicht zu entsprechen. Es gibt keine Praxis, die gegenseitiges Vertrauen garantiert – auch nicht in der Grundschule. Lehrkräfte können jedoch schnell scheitern, wenn sie Vertrauen moralisch aufladen und infolge enttäuscht sind, wenn es trotz aller Bemühungen nicht erwidert wird. Aus Idealismus wird dann Enttäuschung und aus Zuwendung Abkehr. Und Kinder mit Verhaltensauffälligkeiten können scheitern, wenn sie ihr enttäuschtes Vertrauen zu einem werden lassen wollen, dessen Gründe kontrolliert werden können, um weitere Brüche zu verhindern. So nachvollziehbar dies sein mag, so sehr verhindern sie damit das Entstehen vertrauensvoller Beziehungen. Zumindest aber belasten sie bestehendes Vertrauen erheblich, wenn der andere sich nicht nur als vertrauenswürdig erweisen, sondern *beweisen* muss, noch bevor das Gut des Vertrauens zum Gegenstand einer gemeinsamen Praxis geworden ist.

Das Gelingen von Erziehungsprozessen in der Grundschule mit Kindern mit Verhaltensauffälligkeiten ist stark von der Beziehungsqualität abhängig, die man ihnen anbietet. Das klingt banal und ist doch unendlich schwer. Sie realisiert sich nur, wenn die heimlichen Curricula erzieherischer Selbstverständnisse reflektiert werden. Insbesondere aber gilt es, die eigenen Verletzbarkeiten und Erwartungen zu reflektieren, die man Kindern zumutet, ohne sich über diese bewusst zu sein. Transparent gemachte Verlässlichkeit kann daher Herausforderung genug sein bzw. genau das Richtige.

Auf den Punkt gebracht!

- Vertrauen wird zu schnell zum Selbstverständnis in der Erziehungsarbeit mit Kindern mit Verhaltensauffälligkeiten.
- Eine verlässliche Beziehungsgestaltung erscheint zielführender als die Erwartung von Vertrauen.

Bitte denken Sie an Schüler mit Verhaltensauffälligkeiten, die Sie sehr herausfordern. An welchen Stellen erwarten Sie, dass diese Schüler Ihnen vertrauen? Finden Sie Hinweise in den Biografien dieser Schüler, die erklären könnten, warum diese Kinder Ihnen nicht vertrauen können? Durch welche konkreten Maßnahmen erleben gerade diese Schüler Sie als verlässlich?

Müller, T. (2015): „Ich kann niemandem mehr vertrauen". Konzepte von Vertrauen und ihre Relevanz für die Pädagogik bei Verhaltensstörungen. Klinkhardt, Bad Heilbrunn

2.3 Ich und andere

Erziehung ist also stets Beziehungsgeschehen, mal näher, mal distanzierter, und gründet nach Möglichkeit auf Verlässlichkeit. Besonders in Konfliktsituationen, die unüberschaubar zu werden drohen, neigen manche Menschen schnell zu verstärkter Kontrolle und Strafen. Andere wiederum versuchen, Konflikten auszuweichen, indem sie es bei Ermahnungen belassen, die sich auf Formulierungen wie „Beim nächsten Mal …" oder „Wenn du noch einmal …" stützen, ohne je in eine echte Auseinandersetzung zu führen. Wiederum andere übergehen Konflikte und tun nach einer Weile so, als hätte es nie eine Beleidigung, einen Regelbruch oder ein Problem gegeben.

Wer Kinder mit Verhaltensauffälligkeiten in der Grundschule unterrichtet, hat es zudem schwer, Konflikte in Ruhe auszutragen und Erziehungsprozesse zu gestalten, denn die Anforderungen und Erwartungen in der Stoffvermittlung und Leistungsüberprüfung sind erheblich. Hinzu kommen zumeist große Klassenstärken, die längere, auf den einzelnen Schüler bezogene Erziehungsaufgaben meist an den Rand drängen. In Folge davon schwelen Konflikte oft weiter oder entwickeln sich zu sogenannten Dauerbrennern, die alle Beteiligten viel Kraft kosten, insgesamt aber ungelöst bleiben.

Verkürzung von Erziehung

Es wird deutlich, dass, wer mit auffälligem Verhalten zu tun hat, sich selbst besonders gut kennen muss. Schnell lässt man sich im Stress des Unterrichtsalltags zu Reaktionen „verführen", die übertrieben sind oder aber der Sache nicht ausreichend gerecht werden. Erziehung droht dann zur Dokumentation in Form von Ordnungsmaßnahmen, Nachsitzen oder Zusatzarbeiten zu verkommen.

Selbstreflexion

Ein erster Schritt, dieser Gefahr zu entgehen, ist, sich selbst zu befragen, was die eigenen Reaktionen in Konfliktsituationen betrifft.

Bitte kreuzen Sie an, was für Sie am ehesten gilt:

Tab. 1: Mögliche Emotionen und Reaktionen der Lehrkraft im Konflikt

In massiven Konflikten spüre ich bei mir meist …				
Wut	Trauer	Verachtung	Ohnmacht	Verzweif-lung
In massiven Konflikten reagiere ich körperlich meist mit …				
Zittern	Schwitzen	hoher Stimme	Anspannung	Müdigkeit
Fühle ich mich in massiven Konflikten angegriffen, reagiere ich mit …				
Schreien	Verstum-men	Weinen	Drohen	Schimpfen
In massiven Konfliktsituationen erwische ich mich dabei, dass ich mein Gegenüber abwerte.				
eher ja		eher nein		

Es besteht die große Gefahr, sich in Konflikten mit Schülern mit Verhaltensauffälligkeiten derart in Emotionen verstricken zu lassen, dass man nicht mehr erzieherisch tätig ist, sondern die entstandene Situation nur noch durch massive institutionelle Maßnahmen auflösen kann. Man gerät in die sogenannte Aktions-Reaktions-Falle, aus der es kein einfaches Entkommen gibt.

Aktions-Reaktions-Falle

Ruft ein Schüler beispielsweise immer wieder in den Unterricht hinein und wird von seiner Lehrkraft ermahnt, dann kann es sein, dass beim Schüler nicht die auf die Sache, also die Gesprächsregeln bezogene Botschaft ankommt, sondern dieser die emotionale Färbung in der Stimme der Lehrkraft am stärksten wahrnimmt. Dies führt bei Schülern, die vielfach die Erfahrung gemacht haben, dass sie geschimpft und bestraft werden, und deshalb einen eher geringen Selbstwert aufweisen, folglich zu einer Verknüpfung, die überhaupt nichts mehr mit dem eigentlichen Problem zu tun hat. Beim Schüler kommt an: „Die Lehrkraft mag mich nicht." In Konsequenz führt dies entweder zum völligen Rückzug; zumeist aber wehrt sich der Schüler gegen die empfundene Abwertung, nach dem Motto: „Es kann doch nicht sein, dass mich die Lehrkraft nicht mag, ich brauche (daher) mehr Aufmerksamkeit von ihr." Der Schüler verstärkt demnach sein Verhalten, statt es zu reduzieren, was bei der Lehrkraft z. B. Verärgerung über mangelnden Respekt aus-

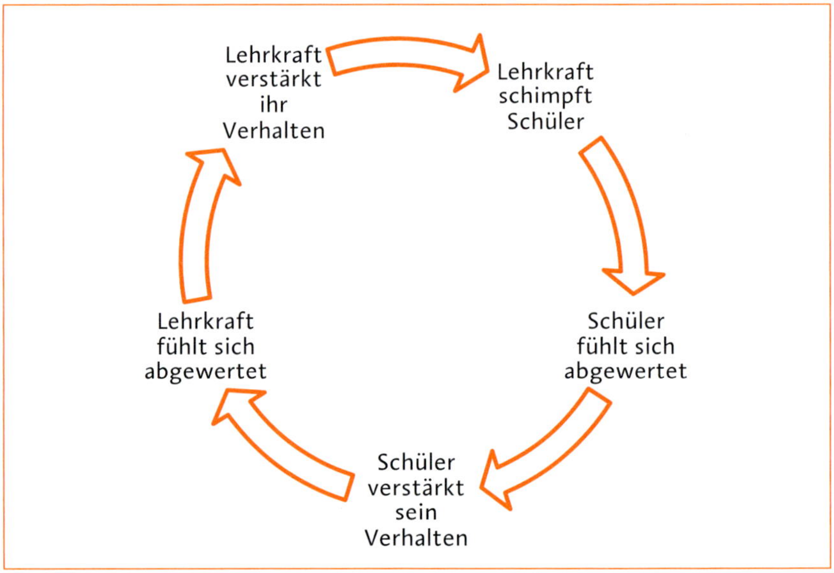

Abb. 2: Aktions-Reaktions-Falle (in Anlehnung an Arnold/Arnold-Haecky 2009)

löst. Nun verstärkt die Lehrkraft ihr Verhalten und reagiert entsprechend massiver. Am Ende haben sich beide Parteien in einer Art Ping-Pong-Spiel emotional verausgabt und es ist mit Blick auf das eigentliche Problem zu keiner Lösung gekommen. Abbildung 2 macht diesen Sachverhalt anschaulich.

Wenn also gerade Schüler, die die Erfahrung gemacht haben, aufgrund ihres Verhaltens oft geschimpft zu werden, einen niedrigen Selbstwert aufweisen – auch wenn ihre konkreten Verhaltensweisen das bisweilen nicht vermuten lassen, dann besteht die Gefahr, dass bei diesen Kindern eine abwertende, negative Emotionsbotschaft ankommt, die sie auf sich als Person, nicht aber auf ihr Verhalten beziehen.

Tadel ohne Namen

Um nicht in die Aktions-Reaktions-Falle zu geraten, kann man daher in einem ersten Schritt beim Tadeln und Ermahnen eines Schülers darauf verzichten, seinen Namen zu nennen. Gerade das Nennen des Namens adressiert den Schüler als Person, nicht aber sein Verhalten.

Sachbotschaften statt Emotionen

Konkret empfiehlt es sich daher, Sätze zu formulieren, die sachbezogen sind und keine emotionalen Gehalte mittransportieren, z. B.: „Antwort bekommst Du an Deinem Platz." statt „Kevin, renn nicht rum und schrei nicht dazwischen." oder „Spielen kannst Du, wenn Deine Aufgabe erledigt ist." statt „Jessica, Du arbeitest nichts, also kannst Du auch nicht spielen."

Denken Sie an einen Ihrer Schüler mit Verhaltensauffälligkeiten. Schreiben Sie konkrete Sätze auf, die auf die Sache bezogen sind, die aussagen, was Sie wollen statt was Sie nicht wollen und die keine emotionale Ladung aufweisen. Achten Sie dabei besonders darauf, Wörter zu vermeiden wie „dauernd“, „immer“, „wieder“, „schon“ etc.

Auf den Punkt gebracht!

- Als Lehrkraft muss man besonders sich selbst gut kennen und ehrlich reflektieren, um erzieherische Konflikte dauerhaft lösen zu können.
- Sachbezogene Botschaften ohne emotionale Wertungen helfen, nicht in die Aktions-Reaktions-Falle zu tappen.

Arnold, R., Arnold-Haecky, B. (2009): Der Eid des Sisyphos. Eine Einführung in die Systemische Pädagogik. Schneider, Hohengehren

2.4 Erziehung und Programme

Erziehung lässt sich weder „machen“ noch „herstellen“. Sie ist oft ein anstrengendes und auszuhaltendes Geschehen, das sich nicht ersetzen lässt. Bisweilen suggeriert allerdings ein inzwischen beträchtlich großer Markt an Trainings- und Förderprogrammen, dass mit ihrem Einsatz viele Probleme gelöst werden können und Verhaltensauffälligkeiten zurückgehen. Insbesondere standardisierte Förder- und Trainingsprogramme können grundsätzlich zur Orientierung eingesetzt werden und Hilfe bieten. Zu bedenken sind allerdings stets einige wichtige Aspekte:

Gefahren von Programmen

- Trainings und Förderprogramme suggerieren „Machbarkeit“ und damit den Ersatz von Erziehung. Es kommt allzu schnell der Eindruck auf, durch ein Training habe man bestimmte Aspekte im Umgang mit auffälligem Verhalten „erledigt“.
- Viele Programme sind nicht wissenschaftlich auf ihre Wirksamkeit hin überprüft oder lediglich durch die Programmautoren selbst. Daher ist ihren Versprechen mit Vorsicht zu begegnen.
- Viele Programme werden „pauschal“ eingesetzt und adressieren damit Schüler, die nicht betroffen sind, während umgekehrt Kinder, die profitieren könnten, zu allgemein angesprochen werden.
- Viele Programme oder Trainings erfordern psychologische oder therapeu-

tische Fachkompetenz. Sie lassen sich demnach nicht einfach in einer Schulklasse einsetzen.
- Trainings und Förderprogramme missachten zumeist die moralische Dimension von Erziehung. Die Frage, ob die zu erreichenden Kompetenzen auch (sozial verträglich) umgesetzt werden, wird kaum gestellt.

Daneben existieren gerade im Bereich der Erziehung einige Förderprogramme, die mit rigider Regelsetzung, Bloßstellung von Schülern sowie aus einer rein behavioristischen Perspektive heraus arbeiten. Schnell werden in beschämender Art und Weise Verhaltenserwartungen an Schüler herangetragen, die Kinder bei der Umsetzung jedoch nicht begleitet. Gerade das Wissen um die beiden Säulen – Verhalten *und* Erleben – im erzieherischen Umgang mit Schülern mit Verhaltensauffälligkeiten müssen dazu führen, auf Maßnahmenkataloge, in denen Konsequenzen und Strafen für bestimmte negative Verhaltensweisen gelistet sind, grundsätzlich zu verzichten.

keine Maßnahmenkataloge

Erziehung gelingt nur dann, wenn auch eine Auseinandersetzung mit dem subjektiven Sinn im Verhalten und dem individuellen Erleben des Schülers stattfindet. Dennoch gibt es eine Reihe hilfreicher Programme, die die Erziehungsarbeit unterstützen können:

hilfreiche Programme und Trainings

- Faustlos (www.faustlos.de): Faustlos ist ein für Schulen und Kindergärten entwickeltes, hochstrukturiertes und wissenschaftlich evaluiertes Gewaltpräventionsprogramm. Die Faustlos-Curricula fördern gezielt sozial-emotionale Kompetenzen in den Bereichen Empathie, Impulskontrolle und Umgang mit Ärger und Wut. Voraussetzung für die Umsetzung sind die Curriculums-Materialien (jeweils spezielle Materialien für den Kindergarten, die Grundschule und die Sekundarstufe) und die vorherige Teilnahme an einer eintägigen Fortbildung.
- Das Friedenstifter-Training (Gasteiger-Klicpera / Klein 2016): In Grundschulen sind Lehrkräfte oft ratlos, wie sie Kindern beibringen können, konstruktiv mit Konflikten umzugehen. Mit diesem Training zur Gewaltprävention lernen Grundschulkinder, wie sie Streit in der Klasse bewältigen. Jede Lehrkraft kann die zwölf Unterrichtseinheiten ohne Fortbildung und Unterstützung durch Dritte selbst ganz einfach in den Unterricht einbinden.
- „Lubo aus dem All!" ist ein Trainingsprogramm zur frühzeitigen Förderung sozial-emotionaler Kompetenzen, um Verhaltensstörungen und dem Entstehen von Gewalt vorzubeugen und zugleich Lernmöglichkeiten zu verbessern. Das Lubo-Programm liegt neben dem Vorschulalter (Hillenbrand et al. 2016) auch für die erste und zweite Klasse (Hillenbrand et al.

2015) vor. Eine klar strukturierte, ritualisierte und methodisch-didaktisch abwechslungsreiche Stundengestaltung bietet allen Schülern, insbesondere auch Kindern mit Verhaltens-, Lern- oder Aufmerksamkeitsproblemen, die Möglichkeit, erfolgreich am Training teilzunehmen.

- Das Streitschlichter-Programm (Jefferys-Duden 2008): Fundiert ausgebildete Schüler helfen Konfliktparteien, selbst Lösungen für ihren Streit zu finden: Die Schüler aus den Klassen drei bis zehn gewinnen wichtige Grundlagenkenntnisse zu Konfliktverhalten und Gesprächsführung und erlernen die Praxis der Streitschlichtung. Sie erwerben soziale Kompetenzen und entlasten als ausgebildete Streitschlichter den Schulalltag.
- Kinder stärken Kinder (Opp/Unger 2006): Das Programm basiert auf der Grundlage der Positive-Peer-Culture und stärkt die Selbstverantwortung von Kindern und Jugendlichen.
- Sozialtraining in der Schule (Petermann et al. 2012): In einer immer komplexer und vernetzter werdenden Welt steigen die Anforderungen an den Einzelnen, sich sozial angemessen zu verhalten. Zugleich nehmen die Möglichkeiten ab, Sozialverhalten einzuüben. Die Schule ist ein Ort, an dem Verhaltensprobleme der Schüler besonders deutlich werden. Hier kann auch eine frühzeitige und gezielte Intervention stattfinden. Das Sozialtraining in der Schule übt soziale Fertigkeiten und Kompetenzen in der Schulklasse. Es ist geeignet für die Klassen drei bis sechs.
- Teampinboard (www.teampinboard.de). Das Teampinboard ist ein Instrument zur Steigerung der Teamfähigkeit durch gezielte Vermittlung von Verhaltens- und Gruppenregeln im Unterricht der Grund-, Haupt- und Förderschule.

Auf den Punkt gebracht!

- Maßnahmenkataloge, die „Fehlverhalten" regulieren wollen, sind nicht zielführend.
- Trainings und Programme ersetzen die notwendige Erziehungsarbeit in der Grundschule nicht.
- Spezifische Trainings und Programme können die Erziehungsprozesse von Kindern mit Verhaltensauffälligkeiten unterstützen.

Welche der hier genannten Trainings und Programme können Ihre Erziehungsarbeit in der Grundschule unterstützen? Prüfen Sie Ihre Auswahl hinsichtlich Ihrer ethischen Standards, indem Sie die Reckahner Reflexionen auf diese Trainings und Programme „anwenden": www.institut-fuer-menschenrechte.de/fileadmin/user_upload/PDF-Dateien/Reckahner_Reflexionen/Plakat_Reckahner_Reflektionen.pdf.

Erstellen Sie im Kollegium ein eigenes Erziehungskonzept für Ihre Schule, indem Sie folgende Sätze miteinander ergänzen und dabei konkrete Maßnahmen und Angebote beschreiben:

- Wir bieten unseren Schülern Orientierung an, als Spielraum für eigene Entscheidungen und verbunden mit der Möglichkeit, echte Alternativen aushandeln zu können, indem …
- Wir leben unseren Schülern Werte engagiert vor, ohne zu moralisieren. Unsere Schüler können sich Werte und Sinnstrukturen nachhaltig aneignen, indem …
- In unserer Schule bestehen unterschiedliche Beziehungsangebote, entsprechend individueller Bedürfnisse und Lebensalter. Beziehungen gestalten wir verlässlich, indem …
- Wir ermöglichen unseren Schülern einen sicheren Rahmen, der einerseits schützt und Grenzen setzt, zum anderen aber Freiraum bietet und damit Selbstwirksamkeitserleben ermöglicht und Selbstvertrauen wachsen lässt, indem …
- In unserer Schule kultivieren wir Anpassung und Widerständigkeit gleichermaßen, indem …
- Die Emotionalität unserer Kinder wird ihnen und uns zum Gegenstand der Betrachtung und der Übung, indem …
- Wir ermöglichen eine konstruktive Auseinandersetzung mit Konflikten und lassen sie zum Ausgangspunkt einer Lernerfahrung werden, indem …
- Alle Maßnahmen und Entscheidungen in unserer Schule werden für Kinder transparent und nachvollziehbar, indem …
- Wir bemühen uns nach Kräften, Ohnmachtserfahrungen von Kindern nicht zu verstärken, sondern abzumildern, indem …
- Wir stabilisieren den schulischen Alltag durch Routinen und Rituale, indem …

Grossmann-Hensel, K. (2016): Eltern richtig erziehen. Anette Betz-Ueberreuter, Berlin

Tipps zum Erschließen des Bilderbuchs in: Müller, T., Temper, A. (2018): Pädagogisch arbeiten mit Bilderbüchern. Ernst Reinhardt, München/Basel, 44ff.

3 Kinder mit Verhaltensauffälligkeiten unterrichten

Störung ist von jeher ein Element, das in jedem Unterricht vorkommt. Es ist in diesem Sinne ein „inklusives" Element des Unterrichtens, obgleich sich natürlich durchaus sehr verschiedene Qualitäten ausmachen lassen: Trinken oder Kaugummikauen kann ebenso eine Störung darstellen wie das aggressive Verhalten eines Kindes, das andere beleidigt oder Arbeitsmaterialien zerstört.

Störungen gehören zum Unterricht

Nicht jeder Schüler mit Verhaltensauffälligkeiten stört den Unterricht, man denke beispielsweise an sehr ängstliche Kinder, ebenso wenig wie nicht jede Unterrichtsstörung mit Kindern zu tun hat, die man als verhaltensauffällig bezeichnen kann.

Natürlich muss Unterricht geplant werden – insbesondere für Kinder mit Verhaltensauffälligkeiten. In gleicher Weise muss aber auch die Tatsache anerkannt werden, dass sich diese Planungen stets auf Annahmen und Erwartungen beziehen. Mit der Zunahme von Kompetenzstandards, Vergleichsaufgaben und Evaluationsstudien in der Grundschule droht dies, aus dem Blick zu geraten. Bei aller Notwendigkeit, sich mit Standards auseinanderzusetzen und Wirkweisen eingesetzter Methoden im Hinblick auf Kompetenzzuwachs zu überprüfen, gibt es ein Momentum der Unplanbarkeit (Kühn 1999), eine sogenannte „Ungewissheitstoleranz" (Dauber 2012, 223).

zwischen Individualisierung und Standardisierung

Die Professionalität von Lehrkräften besteht nicht darin, diese Toleranz mit allen Mitteln überwinden zu wollen, sondern im konkreten Unterrichtsgeschehen damit umgehen zu können. Dies benötigt notwendigerweise Reflexion und Flexibilität. Kinder mit Verhaltensauffälligkeiten verstärken durch ihr Verhalten und Erleben diese Notwendigkeiten.

> *„Damit ist nicht die Frage im Vordergrund, wie Kinder […] mit leidvollen Erfahrungen anders lernen, sondern wie sie ins Lernen kommen und welche didaktischen Bedingungen sie brauchen, um vor dem Hintergrund ihrer ganz persönlichen Lebensgeschichte, ihrer Fähigkeiten und Selbst- und Weltentwürfe lernen zu können, d.h. um fähig zu sein, sich auf Lernprozesse einzulassen und diese aufrechtzuerhalten" (Jäckle 2017, 453).*

In Rückbezug auf die in Kapitel 1.6 ausgeführten Ansätze zur Erklärung von Verhaltensauffälligkeiten sowie die erzieherischen Überlegungen zu Rahmenbedingungen und Beziehungsgestaltung (Kap. 2.1) lassen sich, abhängig von der jeweiligen Erklärungsperspektive, verschiedene Techniken und Maßnahmen für die Unterrichtsgestaltung ableiten, die sich einerseits eher als auf das konkrete Verhalten abzielende Strukturwissen und andererseits als eher auf das Erleben fokussierende Bindungswissen bezeichnen lassen, obgleich es durchaus Überschneidungen gibt.

3.1 Strukturwissen

Seit den 1970er Jahren gibt es zahlreiche Untersuchungen und Überlegungen für einen effektiven und möglichst störungsfreien Unterricht. Daraus sind verschiedene „Sammlungen" von Techniken und Maßnahmen entstanden, die unter dem Stichwort „Classroom-Management" bekannt geworden sind. Kounin (2006) verweist dabei insbesondere auf das Zusammenwirken von verantwortungsvoller Führung durch Lehrkräfte, sozialem Klima und individuellem Wohlbefinden für einen guten Lernerfolg der Schüler.

proaktive Maßnahmen

Dabei sind es vor allem proaktive Aspekte, die dazu beitragen, Störungen zu verhindern. Einmal mehr zeigt sich demnach, dass der Schlüssel für einen gelingenden Unterricht mit Kindern mit Verhaltensauffälligkeiten im Agieren und nicht im Reagieren verborgen liegt (Kap. 2.3, Aktions-Reaktion-Falle). Betrachtet man zudem die proaktiven Strategien, die von anderen Wissenschaftlern (Nolting 2007; Evertson 2006) erarbeitet wurden und ergänzt diese um Erfahrungen aus dem Unterricht an Schulen zur Erziehungshilfe, so lassen sich eine Vielzahl proaktiver Strategien zu Aspekten des Räumlichen, Sprachlichen und Methodischen festhalten.

Räumliches

Strukturen beginnen im Außen und sollen nach innen wirken. Natürlich lassen sich keine Kausalzusammenhänge herstellen, aber die Wirkweisen äußerer Strukturen auf die innere Ordnung, das Geordnet-Sein, sind nicht zu unterschätzen.

Raum als erster Pädagoge?

Der sogenannte „dritte Pädagoge", der Raum, ist möglicherweise sogar der erste Pädagoge, weil er unmittelbar beim Betreten wirkt und die rahmende Grundlage für alles Weitere schafft. Im Folgenden werden einige Aspekte vorgeschlagen, die besonders mit Blick auf den Unterricht Verhaltensstörungen verhindern oder reduzieren können:

- Das Klassenzimmer wird für die Schüler übersichtlich gestaltet und in Zonen eingeteilt. Gegebenenfalls helfen zu Beginn Klebebandstreifen auf dem Boden, um diese Zonen für Schüler deutlich auszuweisen. Gerade Kinder mit Verhaltensauffälligkeiten, die oft chaotische und wenig strukturierte Verhältnisse gewohnt sind, profitieren davon, sind aber auch auf eine solche Visualisierung angewiesen. Eine Überdekoration des Raumes sollte unbedingt vermieden werden. Als Anregungen dienen hierfür beispielsweise die Überlegungen von Schumacher (1979), wie Abbildung 3 zeigt:

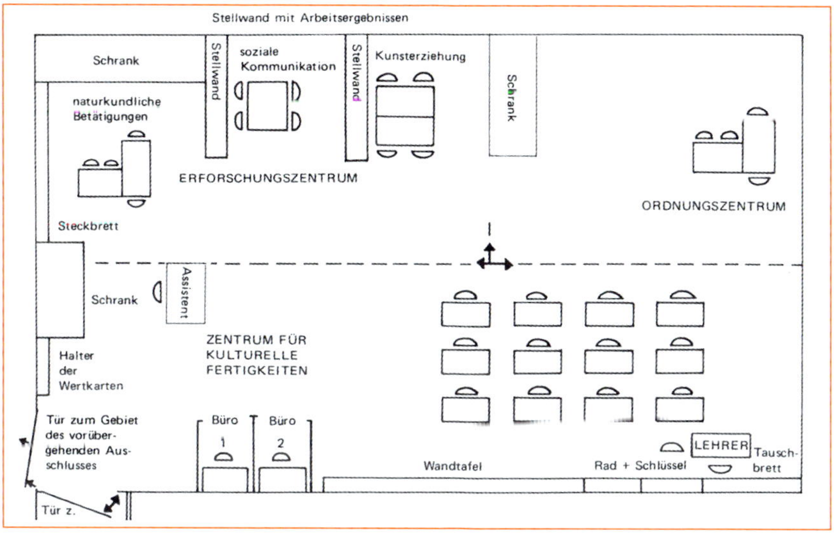

Abb. 3: Der durchstrukturierte Klassenraum (Schumacher 1979, 125)

- Räume, Vor- und Nebenräume lassen sich auch für Schüler nutzen, die immer wieder eine Auszeit von den Anforderungen des Unterrichts benötigen oder für die es sehr anstrengend ist, mit anderen Kindern in einer Klasse zu sein. Statt das Nicht-in-der-Klasse-Sein mit Strafe negativ „aufzuladen", empfiehlt es sich, mit Schülern Auszeiten zu vereinbaren und genau zu regeln. Dafür helfen das gemeinsame Ablaufen von Wegen und Rückkehrpläne. Einmal eingeübt, bedarf es nur noch eines kleinen nonverbalen Signals vom Schüler und die Lehrkraft weiß, wo er ist, was er tut und wann er wiederkommt.

- Es ist hilfreich, Tagesabläufe kritisch zu reflektieren und im Hinblick auf mögliches Konfliktpotenzial, das durch die Überlappung äußerer Strukturen entsteht, zu analysieren. Als Beispiel kann die Trennung von Essens- und Spielpause herangezogen werden:

Viele **Konflikte** und Störungen entstehen in der Pause und wirken weit in die Stunde nach der Pause hinein. Schüler müssen sich zumeist „entscheiden", was sie wollen: essen oder spielen. Schnell kommt es infolge zu Unzufriedenheiten und oder aber spielende Kinder rempeln essende Kinder (unabsichtlich) an, das Pausenbrot fällt zu Boden und der Streit ist vorprogrammiert. Erleben Kinder eine Pause, in der nur gegessen wird, beispielsweise im Klassenzimmer am Platz, und dann eine Pause, in der (draußen) gespielt werden kann, reduziert man Strukturkonflikte. Es empfiehlt sich daher, Pausen entsprechend aufzuteilen.

- Zeichnen Sie mehrere Grundrisse Ihres Klassenzimmers und „spielen" Sie mit Elementen der Einrichtung und der Raumaufteilung. Welche verschiedenen Strukturen entstehen dabei? Wie nützen bzw. „schaden" sie Ihren Schülern mit Verhaltensauffälligkeiten?
- Überlegen Sie, wo sich „Außenarbeitsplätze" für Schüler einrichten lassen. Wie wollen Sie vorgehen, damit Schüler, die dort arbeiten wollen (!), Ihnen unaufwendig ein Signal geben können? Wie lässt sich der Weg zurück ins Klassenzimmer regeln?
- Analysieren Sie den Tagesablauf Ihrer Schule. An welchen Stellen kommt es zu strukturellen Überlappungen und gegebenenfalls zu daraus resultierenden Konflikten? Achten Sie dabei insbesondere auf die nicht-unterrichtlichen Zeiten, z.B. das Ankommen, die Pause, das Heimgehen.

Sprachliches

Sprache ist ein besonders bedeutsames Strukturelement für einen störungsfreien Unterricht, aber auch für den gelingenden Umgang mit Kindern, die sich auffällig zeigen und dadurch den Unterricht stören.

Sprache – ein Konfliktöffner

Je mehr auf Sprache im Sinne von „viel sprechen" verzichtet werden kann, umso besser. Sprache wirkt durch bewusst eingesetztes Schweigen – so wie in der Musik die Pause den Effekt erzeugt und nicht die Vielzahl der Töne.

Im Folgenden werden einige Aspekte aufgeführt, die erkennen lassen, wie sich Sprache zur Strukturierung im Unterricht bei Verhaltensauffälligkeiten einsetzen lässt:

- Da Sprache ein großer Konfliktöffner ist, empfiehlt es sich, gerade im Unterricht mit Kindern mit Verhaltensauffälligkeiten nonverbale Signale einzuführen, wie beispielsweise Erinnerungskärtchen, Symbole für bestimmte Aktivitätsformen an der Tafel und Handzeichen. Allerdings darf sich die Lehrkraft nicht verführen lassen, dazu zu sprechen, denn sonst verlieren die Signale sofort ihre Wirkung. Dies klingt einfacher als es ist und muss eingeübt werden. Vor allem bedarf es der Geduld der Lehrkraft, zu warten, bis das Signal gesehen und entsprechend reagiert wurde.
- Auch Humor hilft, Konflikte nicht groß werden zu lassen. Wer auf jede problematische Äußerung von Schülern eingeht, verstrickt sich schnell in Konflikte und Emotionen. Eine liebevolle, humorvolle Relativierung oder Kommentierung ist bisweilen deutlich zielführender und schafft Leichtigkeit.
- Lehrkräfte sollten ihren Schülern wertfrei spiegeln, dass sie sehen, was sie tun und über ihren Arbeitsprozess informiert sind. Darüber hinaus müssen Lehrkräfte lernen und einüben, sich gleichzeitig einem individuellen Problem zuzuwenden. Dies gelingt z. B. durch Sätze wie „Ich sehe, dass ihr gerade noch mit dem Lösen der Rechenaufgabe beschäftigt seid, ich helfe Michael kurz und komme dann zu Euch." Sätze wie diese informieren, schaffen Überblick und bieten zudem ein Versprechen in die nahe Zukunft an, wodurch sie gerade für Kinder mit Verhaltensauffälligkeiten Orientierung vermitteln. Sie beinhalten die Botschaft, dass die Lehrkraft sich um alle Kinder im Gesamt der Klasse ebenso kümmert wie um jeden einzelnen.
- Letztlich unbedeutende Regelverstöße sollten ignoriert werden, denn diese stoppen den Unterrichtsfluss. Man muss sich gut überlegen, wie viel Raum man einer Störung geben will und ob es Sinn macht, diese zu thematisieren. Zumeist muss dann Sprache verwendet werden, der Schüler angesprochen und mit seinen Reaktionen umgegangen werden. Hier droht Sprache schnell in Aktions-Reaktions-Fallen zu führen (Kap. 2.3).
- Es sollte nur angekündigt werden, was dann auch durchgehalten oder umgesetzt werden kann, weswegen man sich seine Ankündigungen sehr gut im Vorfeld überlegen muss. Besonders über sprachliche Ankündigungen und die ihnen nachfolgenden Handlungen entstehen Zuverlässigkeit und ein konsequentes Auftreten. Allerdings ist die Gefahr, unglaubwürdig zu werden und Störungen überhaupt erst zu erzeugen, wenn Ankündigungen nicht umgesetzt werden, besonders hoch.

- Lehrkräfte sollten sagen, was sie wollen und nicht, was sie nicht wollen. Ein Beispiel kann dies illustrieren:

Sagt eine **Lehrkraft:** „Rennt nicht im Klassenzimmer herum", merkt auch der Letzte, dass was los ist und fragt sich: „Hier rennen Kinder im Klassenzimmer, warum bin ich nicht dabei?" Besser ist: „Setzt Euch hin, bitte." Oder statt „Schrei nicht dazwischen", lässt sich vorsichtig appellieren: „Bitte sei leise, ich muss mich konzentrieren."

- Sprache ist aber auch geeignet, um hoch emotionale Konfliktsituationen zu „entschärfen". Dabei hilft beispielsweise die sogenannte *paradoxe Intervention*. Gerade Schüler, die Verhaltensauffälligkeiten an den Tag legen, sind es gewohnt, dass auf sie mit Strafe, Schreien, und eskalierenden Konflikten reagiert wird. Paradoxe Interventionen unterbrechen diese Erwartungen und schaffen Zugänge zu den betroffenen Schülern, mit denen sich im Nachgang an dem Konflikt pädagogisch arbeiten lässt:

Ein **Kind** ist „außer sich" und wirft eine Fensterscheibe in der Schule ein. Daraufhin sind alle möglichen Reaktionen denkbar und nachvollziehbar, z.B.: „Ich hoffe, Du bist gut versichert." oder „Das wird teuer." oder „Ich glaube, Du hast ein Problem." Stattdessen ließe sich paradox intervenieren mit: „Du hast aber viel Kraft!"

Die paradoxe Intervention läuft also zum einen der Erwartung des Schülers entgegen, wie sich die Lehrkraft verhalten wird, sie ist weitestgehend wertfrei formuliert und weist Bezug zur Sache auf. Im hier aufgeführten Beispiel ließen sich nun Wege mit dem Schüler erarbeiten, wie er in einer ähnlich hoch emotionalen Situation mit seiner Wut umgehen und dabei seine Kraft einsetzen könnte. Ein solches Vorgehen bedeutet nicht zu akzeptieren, dass die Scheibe eingeworfen wurde. Natürlich muss es auch um mögliche Fragen der Wiedergutmachung und Schadensbehebung gehen. Pädagogisches Handeln darauf jedoch zu reduzieren, verhilft dem Schüler nicht dazu, sich auf Dauer in hoch emotionalen Konflikten anders zu verhalten.

- Besonders hilfreich ist es, wenn Sprache an entscheidenden Stellen in möglichst parataktischer Form, also nur in aneinander gereihten Hauptsätzen verwendet wird. Gerade, wenn es darum geht, Arbeitsaufträge zu erteilen, Materialien herzurichten oder die Hausaufgaben zu notieren, erweist sich dies als besonders wirkungsvoll. Die eigentliche Wirkung besteht aber darin, jeweils nur einen Satz zu sprechen und dann abzuwarten, bis die Anweisung umgesetzt ist.

Soll beispielsweise das **Lesebuch** hervorgeholt und auf Seite 40 aufgeschlagen werden, so sollte dies nicht in einem Satz, sondern zunächst so formuliert werden: „Leg bitte Dein Lesebuch auf Deinen Tisch." Nun gilt es zu warten, bis alle Kinder den Auftrag umgesetzt haben. Erst dann kann formuliert werden: „Schlag Dein Lesebuch auf Seite 40 auf." Mit dem Lesen wiederum kann erst begonnen werden, wenn alle Kinder das Buch aufgeschlagen haben. Gegebenenfalls kann das Ausführen des Auftrags durch Sätze unterstützt werden, wie „Die Kerstin hat ihr Buch schon aufgeschlagen, der Michael hat sein Buch schon aufgeschlagen …"

Das klingt profan, aber die Praxis zeigt, dass es schwieriger umzusetzen ist, als man denkt. Schnell lässt man sich verführen, scheinbar Selbstverständliches in einem Auftrag zu formulieren und gerät dann später in Konflikte, wenn einzelne Kinder bestimmte Schritte nicht ausgeführt haben.

- Es hat sich vielfach in der Unterrichtssprache, vor allem mit jüngeren Kindern, eingebürgert, Sätze zu formulieren, die immer, wenn es um eine Aufforderung an die Schüler geht, das Wort „dürfen" enthalten. Da heißt es zum Beispiel: „Ihr dürft jetzt nach vorne kommen." Oder: „Ihr dürft Euch hinsetzen." Oder aber auch in personalisierter Form: „Alexander, Du darfst jetzt mit Deinem Hefteintrag beginnen." Oder: „Sarah, Du darfst die Hefte für die anderen Kinder austeilen."

Die Verwendung des Wortes „dürfen" ist gut gemeint und soll für das Kind so klingen, als habe es eine Wahl oder zumindest aber soll ihm der Eindruck vermittelt werden, es werde nicht zu etwas gezwungen. Dies ist aber in zweifacher Hinsicht problematisch: Dem Schüler wird suggeriert, er habe eine Wahl, sich für das eine oder gegen das andere zu entscheiden. Zumeist ist dem aber nicht so und die Lehrkraft weiß genau, was der Schüler soll und was nicht. Und damit ist ausgedrückt, um was es eigentlich geht: das Sollen. Das Sollen klingt vermeintlich nach Zwang und überzogener Autorität. Doch das, was sich eine Lehrkraft in ihrer Unterrichtsvorbereitung überlegt hat, entspringt nicht der Willkür. Was im Unterricht durch Vorbereitung zum Thema wird, beabsichtigt, die Schüler über ihre bisherigen Horizonte hinauszuführen, sie zum Lernen anzuregen und im Ergebnis letztlich Bildung für sie zu ermöglichen. In diesem Sinne ist das Vorhandensein von Schule als solcher Ausdruck eines Sollens, das davon getragen wird, überzeugt von der Bedeutsamkeit dieser Institution und der in ihr vermittelten Inhalte zu sein. Schule und Unterricht *dürfen* Kinder daher nicht zum Lernen anregen und ihnen Bildungsanlässe schaffen, sondern sie *sollen* es, weil Kinder für ihre Entwicklung in vielfältiger Weise darauf angewiesen sind.

In der Arbeit mit Schülern, die auffälliges Verhalten zeigen, wird neben diesem generellen Aspekt ein weiterer wichtig. So gut gemeint das Wort „dürfen“ klingt, so negativ kann es wirken. Es kann Kindern, wenn auch unbeabsichtigt, suggerieren, Lernen und alle mit ihm verbundenen Unterrichtsaktivitäten seien ein Gnadenakt der Lehrkraft. Was die Klasse heute darf, wird ihr morgen möglicherweise nicht mehr erlaubt. Jetzt darf Alexander mit dem Hefteintrag beginnen, was dann kommt, ist ungewiss. Jetzt darf Sarah die Hefte austeilen und nicht ein anderer Schüler. Gerade Kinder, die damit aufwachsen, sich Erwachsenen gegenüber immer wieder ohnmächtig zu erleben, hören aus solchen Sätzen vor allem das, was nicht gesagt wird: Hier darf jemand etwas und ich darf es (vielleicht, heute, grundsätzlich) nicht. Schüler, die aufgrund von Ohnmachtserleben ein negatives Selbstbild entwickelt haben, hören in solchen Sätzen also schnell nur die emotionale Botschaft und die lautet: Ich bin nicht gewollt und gemocht, denn andere dürfen etwas, was ich nicht darf. Damit trägt diese Unterrichtssprache dazu bei, die Ohnmachtserfahrungen von Schülern und ihr negatives Selbstbild zu bestätigen.

Macht man sich die mögliche Wirkweise des Wortes „dürfen“ bewusst, erscheint es einleuchtend, weshalb manche Kinder gerade in Situationen, in denen ein anderes Kind etwas „darf“, frustriert sind und mit Protest, Ablehnung oder Verweigerung reagieren. Das Sollen dagegen nimmt das Kind in seiner Funktion als Schüler ernst und ist, wird es sprachlich freundlich verpackt, weitaus mehr geeignet, den Selbstwert von Schülern positiv zu steigern.

- Überlegen Sie, für welche Ihrer Schüler paradoxe Interventionen angebracht sein könnten! In welchen Situationen? Schreiben Sie sich die Sätze auf, die Sie sagen wollen und prüfen Sie kritisch, ob es sich wirklich um eine paradoxe Intervention handelt.
- Lassen Sie sich von einer befreundeten Lehrkraft im Unterricht besuchen und beobachten. Lassen Sie aufschreiben, wie oft Sie Sätze ge-

bildet haben, in denen Sie zum Ausdruck bringen, dass Sie etwas nicht wollen. Formulieren Sie anschließend Alternativen.
- Denken Sie an besonders schwierige Situationen im Unterricht und bereiten Sie für diese Sätze vor, mit denen Sie Ihren Schülern wertfrei ihr Verhalten spiegeln können.
- Vereinbaren Sie mit einzelnen Schülern nonverbale Signale für Schlüsselsituationen, so dass darüber nach Möglichkeit auf das Sprechen verzichten werden und der Unterrichtsstörung präventiv begegnet werden kann.

Methodisches

Neben räumlichen Arrangements und sprachlicher Bewusstheit lassen sich auch methodische Entscheidungen so treffen, dass sie für Kinder mit Verhaltensauffälligkeiten den Unterricht strukturieren und dadurch bewältigbar machen. Dafür gelten insbesondere folgende Aspekte:

methodische Entscheidungen

- Unterricht muss so vorbereitet sein, dass er im Fluss bleibt und zügig durchgeführt wird, ohne dabei ins Hetzen zu geraten. Besonders Übergänge sind sorgfältig vorzubereiten. Dabei helfen Kindern mit Verhaltensauffälligkeiten vor allem rechtzeitige Ankündigungen und Entlastungen z. B. durch Sätze wie: „Wir haben jetzt noch fünf Minuten Zeit, an unseren Bildern zu malen. Wenn Du nicht fertig wirst, ist das okay, wir können morgen daran weiterarbeiten."
- Besonders für Kinder mit Verhaltensauffälligkeiten ist es wichtig, dass der Unterrichtsfluss nicht stockt und sie so oft wie möglich handlungsorientiert gefordert werden. Daher sind auch Phasen, in denen einzelne Schüler etwas an die Tafel hängen oder in denen einzelne Schüler etwas vorstellen, andere aber warten müssen, eher zu vermeiden.
- Phasen der Stillarbeit sollten durch die Lehrkraft differenziert, intellektuell anspruchsvoll und abwechslungsreich gestaltet werden. Stille Phasen bieten sich insbesondere nach Pausen an, da sie den Schülern helfen, nach Bewegung und Spiel mit anderen wieder zu sich zu finden. So eignet sich insbesondere das Vorlesen für diese Zeiten; oder aber auch Aufgaben, in denen geschrieben wird. Hinzu kommt, dass Schreiben als motorische Tätigkeit Spannungsabbau mit sich bringt.
- Der Unterricht muss methodisch abwechslungsreich gestaltet sein und sich dabei bemühen, eine Passung von Inhalt und Voraussetzungen der Schüler zu erzeugen. Ein Sitzkreis ist beispielsweise für Kinder mit Ver-

haltensauffälligkeiten schwierig, weil der Halt gebende Tisch vor ihnen fehlt, sie sehr nahe an anderen Kindern sitzen und diese gegebenenfalls berühren. Auch inhaltlich wirkt er wie eine große Lupe, mit der sich auf ein bestimmtes Anschauungsobjekt oder einen bestimmten Inhalt fokussieren lässt. Ähnlich wie bei einem Brennglas darf man die Lupe aber nicht zu lange auf den Gegenstand halten, sonst beginnt er zu brennen. Übertragen bedeutet dies, sich genau zu überlegen, wann und wie lange ein Kreis verwendet wird, wie die Schüler in den Kreis kommen, z. B. einzeln aufgerufen, wie sie den Kreis wieder verlassen und wer neben wem sitzt. Ein Stehhalbkreis vor der Tafel kann möglicherweise einfacher zu realisieren sein und ist mit weniger Spannungen verbunden. Auch und gerade diese Abläufe müssen besonders mit Kindern mit Verhaltensauffälligkeiten eingeübt werden, um ihnen Struktur und Orientierung zu ermöglichen. Andere Beispiele sind die Orientierung beim Anstellen in der Garderobe, im Pausenhof oder im Sportunterricht das Aufstellen an einer Linie oder in einer Reihe.
- Geschlossener Unterricht muss mit offenem sinnvoll kombiniert werden, um für Kinder mit Verhaltensauffälligkeiten strukturierend zu wirken, z. B. ein Unterricht, der einerseits stark auf die Lehrkraft fokussiert ist und so Orientierung und Stabilität anbietet und andererseits immer wieder öffnet, so dass sich Schüler in offenen Prozessen (z. B. Wochenplanarbeit) verantwortlich für ihre eigenen Lernprozesse erleben.

Letztlich geht es darum, Schule danach zu gestalten, dass es keine Hierarchien zwischen Unterricht und Erziehung gibt. Das Klären eines Konfliktes nach der Pause ist nicht weniger wichtig als die Mathematikstunde. Wer den Konflikt nicht klärt, muss mit schwelenden Spannungen die ganze Mathematikstunde über rechnen. Der Lernertrag bei den betroffenen Schülern wird nicht allzu hoch ausfallen. Wer den Konflikt klärt, hat weniger Zeit für die Mathematikstunde; die Zeit, die bleibt, ist jedoch konzentrierter und intensiver. Beides, Erziehung und Unterricht, benötigen Vorbereitung, damit sie für Kinder mit Verhaltensauffälligkeiten zum Tragen kommen.

- Mit welchen Methoden und Sozialformen arbeiten Sie hauptsächlich? Überlegen Sie, welche Wirkungen diese auf Kinder mit Verhaltensauffälligkeiten haben (vgl. Sitzkreis als Lupe).
- Beobachten Sie mehrere Unterrichtstage am Stück und achten Sie darauf, an welchen Stellen es besonders unruhig wird. Überlegen Sie, wie Sie diese Zeiten durch den bewussten Einsatz von Stillarbeit beruhigen können.

- Entwickeln Sie individualisierte Wochenpläne für Ihre Schüler. Beginnen Sie mit einer Stunde pro Tag und einem bewältigbaren Maß an Aufgaben. Vergessen Sie nicht, Wahlaufgaben vorzusehen sowie sinnvolle Beschäftigungsmöglichkeiten für Schüler, die mit allem fertig sind.
- Fokussieren Sie Ihre Vorbereitung von Unterricht insbesondere auf die Gestaltung von Übergängen: Ankommen – Unterrichtsbeginn, Stundenwechsel, Unterricht – Pause – Unterricht, Unterrichtsende – Heimweg etc.

Mollet, B. (2012a): Einfühlsam statt gewaltsam. Sachanalysen und didaktische Überlegungen. Band 1. Schneider, Hohengehren

Mollet, B. (2012b): Einfühlsam statt gewaltsam. Arbeitsblätter. Band 2. Schneider, Hohengehren

3.2 Bindungswissen

Kehrt man zu den angestellten Überlegungen (Kap. 1.6) zurück, wie Verhaltensauffälligkeiten aus dem Erleben früher, einschlägiger Bindungserfahrungen entstehen können, so lassen sich unterrichtliche Konsequenzen ziehen, die stärker am Erleben und an subjektiven Logiken orientiert sind. Sie stehen damit nicht im Widerspruch zu Techniken des Classroom-Managements, stellen aber eine wichtige und notwendige Ergänzung dar.

In Anlehnung an die Ausführungen von Geddes (2006) und Jungmann / Reichenbach (2016) lässt sich das Lernen von bindungsgestörten Kindern in der Schule in sogenannten „Lerndreiecken" darstellen und veranschaulichen, welche Konsequenzen sich für Planung und Durchführung von Unterricht daraus ergeben.

Unterricht bei unsicher-vermeidend-desorganisierter Bindung

In Abbildung 4 wird deutlich, dass insbesondere die Beziehungsebene zwischen Lehrkraft und Kind beeinträchtigt ist, da das Kind mit unsicher-vermeidend-desorganisiertem Bindungsverhalten früh lernen musste, dass von Erwachsenen keine Sicherheit ausgeht.

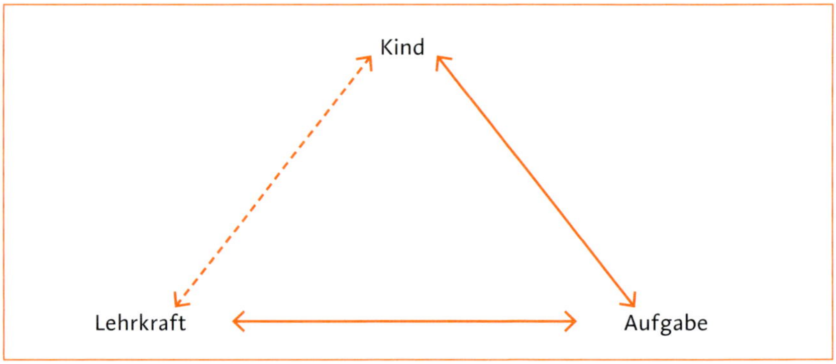

Abb. 4: Lerndreieck unsicher-vermeidend-desorganisiert (in Anlehnung an Geddes 2006 und Jungmann / Reichenbach 2016)

keine Sicherheit durch Erwachsene

Diese Schüler tun alles dafür, die Nähe zur Lehrkraft zu meiden und reagieren auf direkte Arbeitsanweisungen oft mit Ablehnung und gegebenenfalls Aggression. Die Lernaufgabe kann aber als Sicherheitspuffer zwischen ihnen und der Lehrkraft dienen, wenn sie die richtigen Bedingungen erfüllt. Sie muss derart gestaltet sein, dass der betroffene Schüler unmittelbar mit ihr beginnen kann und nicht auf Erklärungen oder Kontrolle durch die Lehrkraft angewiesen ist. Daher weisen Kinder mit unsicher-vermeidend-desorganisiertem Bindungsverhalten auch eine Tendenz auf, mechanistisch Aufgaben auszuführen, die ihnen sehr vertraut sind. Sie tun sich recht schwer, sich neuen Anforderungen zu stellen, weil sie sich dafür auf die Erklärungen durch die Lehrkraft einlassen müssten.

Gestaltung von Aufgaben

In der Gestaltung der Lernaufgabe liegt also eine große Chance für die Lehrkraft, Verlässlichkeit aufzubauen und so das Kind nach und nach von der reinen Eigenkontrolle auch zu Unterrichtszeiten zu führen, in denen es zulassen kann, etwas erklärt zu bekommen oder überprüft zu werden.

Tragisch ist, dass diese Kinder durchaus über ein gutes kognitives Potenzial verfügen, dieses aber oft nicht ausschöpfen können, da sie viel Energie darauf verwenden (müssen), sich mit ihrem Verhalten die Lehrkraft „vom Leib" zu halten. Grundsätzlich lässt sich festhalten, dass sie

- eine sehr verlässliche und *sachlich* agierende Lehrkraft benötigen, die emotional und physisch in angemessener Distanz zu ihnen bleibt;
- eine Lehrkraft benötigen, die im Konfliktfall nicht in falsch verstandener Empathie die emotionale und körperliche Nähe zum Kind verstärkt;
- Aufgaben als Sicherheitspuffer erleben, die Selbstkontrolle und die Möglichkeit zu eigenen Entscheidungen beinhalten;
- Schule als Ort der Sicherheit erleben, wenn ihnen auch räumlich entspro-

chen wird, beispielsweise durch einen Einzelarbeitsplatz oder Rückzugsmöglichkeiten (konkretes Beispiel in Kap. 4.2).

Unterricht bei unsicher-ambivalent-desorganisierter Bindung

Für unsicher-ambivalent-desorganisiert gebundene Schüler stellt sich die Situation im Lerndreieck anders dar (Abb. 5):

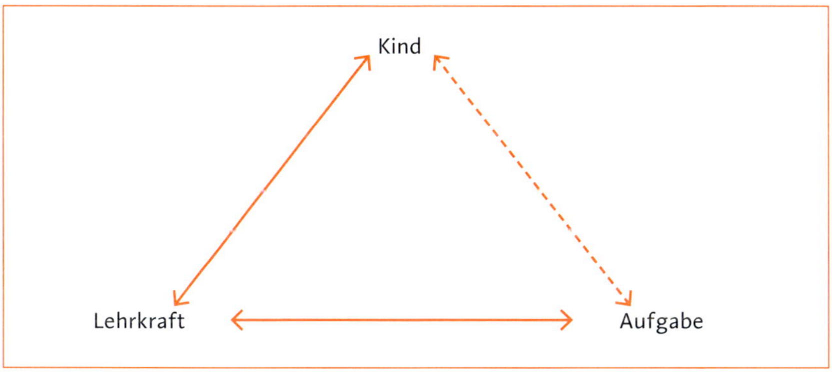

Abb. 5: Lerndreieck unsicher-ambivalent-desorganisiert (in Anlehnung an Geddes 2006 und Jungmann / Reichenbach (2016)

Die Grafik zeigt, dass sich die Hauptdynamik im Unterricht zwischen Schüler und Lehrkraft abspielt.

verlässliche Erwachsene?

Unsicher-ambivalent-desorganisiert gebundene Kinder haben in früher Kindheit lernen müssen, dass es nicht sicher ist, ob man sich auf Erwachsene verlassen kann. Daher verwenden sie viel Energie in ihren Verhaltensweisen, die Beziehung zur Lehrkraft zu überprüfen und zu testen. Sie fürchten, die Aufmerksamkeit und Zuwendung zu verlieren und tun alles dafür, sie nicht mit anderen Kindern teilen zu müssen. Das bedeutet, dass sie es möglicherweise nicht aushalten, dass sich die Lehrkraft längere Zeit anderen Kindern zuwendet. Viele dieser Kinder sprechen die Lehrkraft permanent an, fragen auch bei Selbstverständlichem um Hilfe und finden kein Ende im Erzählen privater Erlebnisse. Bisweilen zeigen sie ein erheblich auffälliges und massiv störendes Verhalten, nur um im Beziehungsgeschehen mit der Lehrkraft zu bleiben.

Strafe für Beziehung

Sie nehmen dafür auch Strafe in Kauf bzw. wollen sehen, ob die Lehrkraft auch dann noch „zu ihnen hält“, wenn sie Dinge tun, die jenseits der geltenden Regeln und Erwartungen liegen.

Tragisch ist, dass auch diese Kinder durchaus über ein sehr gutes kognitives Potenzial verfügen können, dieses aber nicht ausschöpfen, weil sie alle Energie in Verhaltensweisen investieren, die die Aufmerksamkeit der Lehrkraft bindet. Grundsätzlich lässt sich festhalten, dass sie

- auf eine sehr geduldige, aber auch begrenzende Lehrkraft angewiesen sind, die sich nicht zum Gespräch „verführen“ lässt;
- eine Lehrkraft benötigen, die sehr kleinschrittige Angebote macht und sofort mit *sachbezogenem* Lob (z. B.: „Das ist ein tolles Bild!“) versieht, wenn sie ausgeführt werden;
- darauf angewiesen sind, dass problematische Verhaltensweisen als Beziehungstests verstanden werden und gespiegelt werden;
- vor allem an Stundenanfängen und -enden auf Überschaubarkeit und Struktur angewiesen sind (konkretes Beispiel in Kap. 4.1).

3.3 Besondere Konzepte und Methoden?

Seit den 1970er Jahren sind speziell für den Unterricht mit verhaltensauffälligen Kindern eine Reihe von Konzepten entstanden, die sehr unterschiedliche Ausgangspunkte und Zielperspektiven haben (Hillenbrand 2011; Stein / Stein 2014). In einem Teil dieser Konzepte und Ansätze geht es um Überlegungen zur Strukturierung von Räumen und Verhaltensweisen, beispielsweise durch Techniken der Verhaltensmodifikation.

Vielzahl spezieller Konzepte

Andere Konzepte sind stärker therapeutisch orientiert und versuchen, das Erleben von Kindern im Unterricht aufzufangen und zu bewältigen. Keines der Konzepte hat sich dauerhaft oder gar flächendeckend im Unterricht für Kinder mit Verhaltensauffälligkeiten durchgesetzt. Dies liegt an verschiedenen Gründen: Zum Großteil wurden Konzepte nicht in der Praxis erprobt oder scheiterten an den gegebenen schulischen Rahmenbedingungen. Andere Konzepte befassten sich deutlich zu wenig mit der Frage der schulischen Inhalte und ihrer Einbindung ins Konzept. Darüber hinaus muss man etlichen Konzepten den Vorwurf des Eklektizismus machen: Sie breiteten sich wohl auch deshalb nicht aus, weil sie Widersprüchlichkeiten, beispielsweise in ihren Menschenbildannahmen nicht ausräumen konnten.

Probleme in der Umsetzung

Dass sich keines dieser Konzepte dauerhaft durchsetzen konnte, zeigt aber auch, dass der Unterricht für Kinder mit Verhaltensauffälligkeiten immer wieder neu gedacht, vorbereitet, durchgeführt und ausgewertet werden muss. Die Erlebens- und Verhaltensweisen der so bezeichneten Kinder sind zu unterschiedlich, als dass sich dafür generell bestimmte Konzepte und Methoden eignen und andere nicht.

Im Folgenden sollen zwei Zugänge zu Unterricht thematisiert werden, die nicht explizit für Kinder mit Verhaltensauffälligkeiten entwickelt wurden, die aber dennoch aus unterschiedlichen Gründen sehr hilfreich sind.

Formen kooperativen Lernens

Kinder, deren Verhalten im Unterricht auffällt oder stört, weisen besonders oft Probleme auf, sich selbst und anderen gegenüber angemessen zu verhalten. Daher werden diese Kinder auch als emotional und sozial förderbedürftig bezeichnet. Soziales Verhalten und die damit in Zusammenhang stehende Regulation von Emotionen muss eingeübt und erprobt werden, soll sich dauerhaft etwas am Verhalten der betroffenen Kinder verändern. Gerade die Grundschule mit ihrem immensen Stoffvolumen, ihrer Vielzahl an Leistungsanforderungen sowie der Herausforderung „Übertritt" sieht sich hier an ihren Grenzen, emotionales und soziales Lernen zusätzlich zu den bestehenden Aufgaben zu initiieren. Daher ist es aus pragmatischen Überlegungen heraus, aber auch mit Blick auf die Lern- und Lebensgeschichten von Kindern mit Verhaltensauffälligkeiten sinnvoll, soziales Lernen methodisch in den Unterricht zu integrieren und Formen kooperativen Lernens zu installieren.

abgesicherte Erprobung

So wird soziales Lernen nicht zur Zusatzaufgabe, die durch die Schulsozialarbeit geleistet werden muss, sondern bleibt integraler Bestandteil des Unterrichtsgeschehens. Damit soziale Kompetenzen durch Formen kooperativen Lernens aufgebaut werden können, gilt es verschiedene Aspekte zu berücksichtigen (Johnson et al. 1994):

- Den Schülern muss die Notwendigkeit sozialer Fähigkeiten deutlich werden. Dafür können sie beispielsweise mit Problemstellungen konfrontiert werden, die ihnen zeigen, dass Lösungen für bestimmte Aufgaben nur mit anderen gefunden werden können.
- Darüber hinaus müssen sie verstehen, was genau die entsprechende soziale Fähigkeit ausmacht und vor allem wann und in welchem Kontext sie zum Einsatz kommen sollte. Beispielsituationen helfen, dies zu verdeutlichen.
- Schüler müssen Gelegenheiten erhalten, soziale Fähigkeiten einzuüben und in einem abgesicherten Rahmen zu erproben. Besonders mit Blick auf Kinder mit Verhaltensauffälligkeiten ist dies sehr bedeutsam. Allzu schnell neigt man dazu, gerade wenn viele Kinder in einer Klasse sind,

unangemessenes, wenig gekonntes Sozialverhalten zu unterbinden statt gezielt Räume der Erprobung zu schaffen, in denen auch etwas „schiefgehen“ kann. Der bisweilen zu hörende Satz: „Ich bin froh, wenn der an seinem Platz sitzt; ich bin doch nicht verrückt und mache Gruppenarbeit!“ entpuppt sich auf Dauer als Falle und verhilft den betroffenen Schülern nicht dazu, sich weiter zu entwickeln.

- Damit sich soziale Kompetenzen mehr und mehr im Unterricht entwickeln, benötigt es Zeiten der Reflexion und des Feedbacks: sachlich und auf das Verhalten bezogen.
- Zudem gilt es, ausdauernd zu üben, bis das Verhalten selbstverständlich geworden ist. Das subjektive Erleben von Schülern kann dem (zunächst) entgegenstehen und muss dabei unbedingt berücksichtigt werden. Es geht um Übung und nicht um Dressur.

Formen kooperativen Lernens

In einer groben Untergliederung lassen sich Formen der Kooperation unterscheiden, die entweder das gemeinsame Bearbeiten einer Aufgabe vorsehen und am Ende muss gemeinsam eine Lösung erarbeitet sein; oder aber es geht um Arbeitsaufträge, bei denen Kinder in Gruppen an individuellen Aufgaben arbeiten und diese dann vorstellen oder zusammentragen und sich darüber gegenseitig informieren. In beiden Formen spielt es eine große Rolle, dass nicht nur miteinander gearbeitet wird, sondern die Schüler im Lauf der Zeit und mit Unterstützung durch die Lehrkraft lernen, sich gegenseitig anzuleiten, sachlich Rückmeldung zu geben und zu loben. In manchen Formen spielen Konkurrenz und Wettbewerb die Schüler motivierende Rollen; dies ist jedoch mit Blick auf Kinder mit Verhaltensauffälligkeiten eher bedenklich: Sie könnten schnell frustriert sein, wenn sie nicht mitkommen, nicht gewinnen oder zur Spitzengruppe der Klasse gehören.

Umgang mit Frustration

Besonders aus Frustrationserfahrungen entstehen im Unterricht infolge Störungen und Konflikte. Aus der Vielzahl der Möglichkeiten, Unterricht als kooperatives Lernarrangement anzulegen, seien im Folgenden drei für die Grundschule geeignete Methoden genannt, die sich erweitern und variieren lassen:

- Für den Mathematikunterricht in den Klassen drei und vier hat sich die sogenannte „Team Assisted Individualization“ (Slavin 1986) bewährt. Die Kinder werden dabei zunächst hinsichtlich ihres Leistungsstands in Mathematik überprüft und dann zu heterogenen Gruppen zusammengesetzt. So entsteht die Möglichkeit wie Notwendigkeit, dass sich die Schüler gegenseitig unterstützen. Dazu erhalten sie verschiedene Lösungs- und Antwortbögen, die durch die Lehrkraft vorbereitet werden.

Die Gruppen werden regelmäßig durch die Verleihung von Zertifikaten motiviert.

- Für Übungsstunden im Lesen und Schreiben in den Klassen drei und vier ist das „Cooperative Integrated Reading and Composition“ (Stevens et al. 1987) ein bekanntes Verfahren. Auch hier finden sich Schüler zu Gruppen zusammen, die dann jedoch noch einmal in Paare unterteilt werden. Die Partner lesen sich gegenseitig vor, stellen Vermutungen über den Fortgang einer Geschichte an und unterstützen sich beim Schreiben eigener Texte. Wichtig ist, dass eine Überprüfung erst stattfindet, wenn die Partner sich gegenseitig für „vorbereitet“ halten. So wird eine realistische Selbsteinschätzung eingeübt.
- Am bekanntesten ist das sogenannte „Gruppen-Puzzle“ (Aronson 1978), das inzwischen in verschiedenen Weiterentwicklungen existiert. Es eignet sich vor allem im Sachunterricht, in dem zu bestimmten Aspekten eines Themas Gruppen gebildet werden, die sich durch Wissensaneignung zu Experten entwickeln und dieses dann im Rotationsverfahren an die Mitglieder der anderen Gruppen weitergeben. Zu Bedenken ist jedoch, dass es eine sehr sorgfältige Materialvorbereitung benötigt, damit die immanente Sachstruktur im gegenseitigen Erklären von Inhalten gewahrt bleibt.

Brüning, L., Saum, T. (2008; 2009): Erfolgreich unterrichten durch Kooperatives Lernen. Band 1 und 2. nds-Verlag, Essen

Lernen mit Lernleitern

Das Lernen mit Lernleitern ist Bestandteil der sogenannten „MultiGradeMulti-Level-Methodology“ (Girg et al. 2012) und erfährt seit Beginn des 21. Jahrhunderts auch in Deutschland eine hohe Nachfrage, da es eine geeignete Methode zu sein scheint, Unterricht mit altersgemischten und leistungsdifferenten Gruppen zu realisieren. Besonders Grund- und Förderschulen haben sich bisher intensiv mit dem Lernen mit Lernleitern auseinandergesetzt und vielfach eigene Variationen entwickelt.

Realisierung inklusiven Unterrichts

Die mit der Behindertenrechtskonvention verbundene Herausforderung, inklusiven Unterricht zu realisieren, hat die Nachfrage nach einem auf Lernleitern basierenden Unterricht noch einmal erheblich ansteigen lassen.

In den 1980er Jahren begann das Rishi Valley Institute for Educational Resources (RIVER) mit dem Aufbau von Schulen in den Dörfern rund um Rishi Valley, im Süden Indiens. Jedes Kind kann dort inzwischen unter Berücksichtigung seiner kulturellen Herkunft und Lernvoraussetzungen gemeinsam mit anderen Kindern einen strukturierten Lernweg beschreiten. Ausgangspunkt der Entwicklung waren Fragen, die auch im deutschsprachigen Raum von Bedeutung sind: Wie kann man zum einen der großen Altersmischung und zum anderen der Leistungsheterogenität der Kinder in einer Schule oder Klasse gerecht werden?

Umgang mit großer Heterogenität

Für das indische Land galt Mitte der 1980er Jahre, dass sich meist weder die Kinder, noch die oft nicht alphabetisierte Elternschaft, noch die Lehrer mit Schule identifizierten: Schulen waren in vielen Dörfern nicht vorhanden oder aber es fand sehr unregelmäßig Unterricht statt – wenn doch, dann vielfach unter der Erzeugung von Angst. Die familiären, religiösen und landwirtschaftlichen Verpflichtungen der Kinder und die angstbesetzte schulische Situation führten dazu, dass viele Kinder keine Schule besuchten oder abbrachen. Das brachte RIVER dazu, sich auf der Grundlage bildungsphilosophischer Gedanken Krishnamurtis mit Unterricht zu befassen. Dabei geht es auch darum, dass Schulen nicht auf Konkurrenz angelegt zu sein brauchen, um gut zu sein, sondern die Einzigartigkeit ihrer Schüler im Klassenverband fördern sollten, um angstfreies Lernen und Leben zu ermöglichen. Zunächst entstand unter dem Namen „School in a Box" eine von Dorf zu Dorf tragbare Tasche mit einem flexibel einsetzbaren Lernset mit Aktivitätskarten für individualisiertes Arbeiten, das auf Schulbücher verzichtete, weil diese keinen Zusammenhang zur Lebenssituation der Kinder aufwiesen. Später wurden 16 Schulen gegründet.

Die Ausstrahlung der MGML-Methodology erreichte in Indien laut UNICEF im Jahr 2015 etwa 250.000 Grundschulen und darüber ungefähr zehn Millionen Kinder (Müller et al. 2015).

flexibles Lernen in Struktur

Das Lernen mit Lernleitern setzt nicht auf Homogenisierungsversuche, sondern realisiert ein individuelles wie gemeinsames Lernen aller Kinder, unabhängig von Alter, Leistungsfähigkeit, Motivation und Begabung. Sie ermöglicht Lehrkräften ein flexibles Begleiten und Fördern und stellt zudem eine gelungene Möglichkeit dar, die Umsetzung einer inklusiven Schule zu realisieren, weil sie das Lernen auf allen Leistungsstufen in Eigengeschwindigkeit erlaubt und zugleich die Sozialität des Klassenverbandes dazu nutzt. Die Kinder selbst leiten mit Hilfe der in der Methode enthaltenen Lernleitern ihre Lernprozesse und erfahren dadurch Struktur – was sich gerade auf Kinder mit Verhaltensauffälligkeiten sehr positiv auswirkt.

Lernleitern als Strukturgeber

Lernleitern sind grafische Strukturinstrumente für Lernprozesse in fachspezifischen offenen Arbeitsphasen. Der Stoff eines Jahres wird fachweise auf Einzelaktivitäten heruntergebrochen und diese wie in einem großen Spielplan dargestellt (Abb. 6).

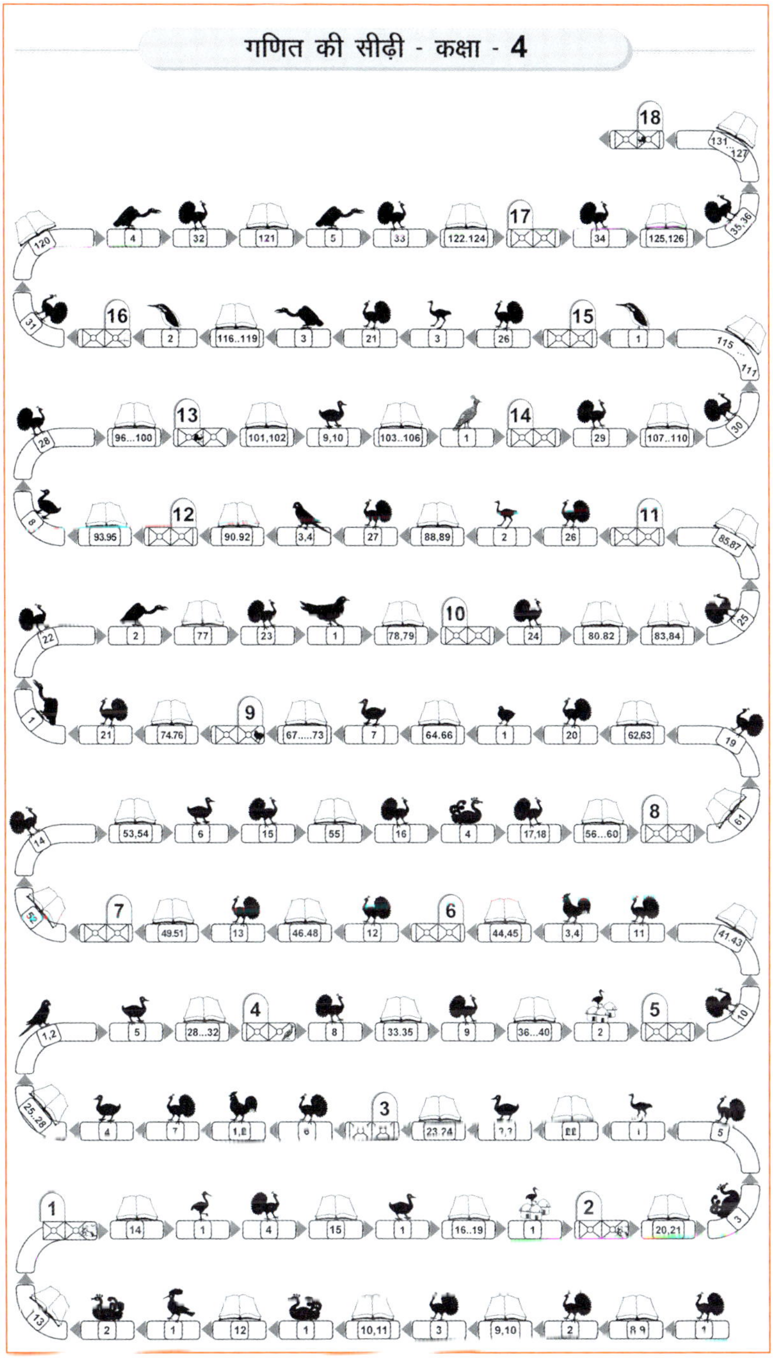

Abb. 6: Indische Lernleiter mit der Darstellung des gesamten Stoffes der 4. Klasse in Mathematik (Rishi Valley Institute for Educational Resources o.J.)

Daraus entsteht die Möglichkeit, dass jedes Kind in seiner eigenen Lerngeschwindigkeit den Stoff in Form von Einzelaktivitäten bearbeitet. Die Lernleitern werden je nach Kind und Lerngeschwindigkeit unterschiedlich durchschritten, womit Schüler die „Klasse" fachweise wechseln – zu genau jenem Zeitpunkt, an dem sie den Lernstoff der jeweiligen Klasse erfüllt haben. Der Klassenwechsel erfolgt demnach nicht in allen Fächern gleich und ist auch nicht an das Schuljahr gebunden. Die Tagesstrukturen finden in rhythmisierten Fachblöcken von je zwei Stunden statt.

Aktivitätskarten

Jede Aufgabe ist auf einer Aktivitätskarte abgebildet und zur Systematisierung durch ein Symbol und eine Nummerierung gekennzeichnet. Sie gibt somit strukturierte Hinweise zur Bearbeitung, bietet den Inhalt an und ist ein Teil von systematisierten Lernsequenzen, die in einer Lernleiter in eine zeitliche und zugleich didaktische Reihenfolge gebracht werden. Alle Aktivitäten bilden auf der Basis des gültigen Lehrplans einen systematisierten Pool an Lernmaterialien. Die Lehrkräfte sind so von ihrer oft stark prozesssteuernden, „lehrenden" Aufgabe im herkömmlichen frontalen Unterricht weitestgehend befreit.

kleinschrittige Sequenzen

Durch sogenannte „Milestones" in Lernsequenzen gegliedert, führen die Lernleitern durch den Materialpool und damit durch die Inhalte der Fächer. Milestones sind kleinschrittige Sequenzen innerhalb der Lernleitern. Sie weisen eine didaktische Systematik auf, die als fünfstufige Lernfortschrittsentwicklung konzipiert ist: Aktivitäten zur Einführung, zur Übung und Erprobung, zur Evaluation sowie zur Förderung und Ausweitung. Die Milestones führen in dieser didaktischen Konstellation mit ihrer integrierten Evaluation und Förderung der Schülerschaft zu einer qualitativen Absicherung der offenen und gleichzeitig stark strukturierten Lernprozesse. Durch diese Vorgehensweise werden Lernlücken weitgehend verhindert. Ausgehend von Operationen in Mathematik, von lebensorientierten Geschichten und Situationen in „Sprache" sowie sogenannten „field studies" im Sachunterricht sind die Milestones nach fachdidaktischen Aspekten konzipiert.

Lernerfolge

Grundsätzlich wird ein Milestone von einem Kind erst abgeschlossen, wenn er vollständig verstanden wurde. Ein Zurückfallen hinter das vermeintlich homogene Lerntempo bzw. den Wissensstand einer Klasse wird damit ausgeschlossen. Der Lernerfolg zeigt sich für die Kinder offensichtlich im Voranschreiten auf der Lernleiter, womit sie sich als selbstwirksam erleben. Die Lehrkräfte dokumentieren die Entwicklung der Kinder, woraus Dynamiken oder Verlangsamungen ablesbar werden. Auch die Eltern erhalten so aus beiden Perspektiven ein realistisches Bild über die Entwicklung ihres Kindes.

integriertes soziales Lernen

Das individuelle und gemeinsame Lernen mit Partnern, Gruppen oder in der Gemeinschaft aller Schüler ist dabei situations- und inhaltsspezifisch so in der Lernleiter angelegt, dass die Schüler sich gegenseitig unterstützen, aber auch notwendige Hilfe durch die Lehrkraft erhalten. In den Schulen von RIVER werden vier Gruppierungen gebildet:

- von Lehrern geleitete Gruppe,
- teilweise lehrergeleitet,
- durch Gleichaltrige unterstützt und
- völlig selbstständig arbeitend.

Lernen im Ungleichschritt

Alle Gruppen sind altersübergreifend konzipiert. Die Gruppenzusammensetzung wechselt mit den Aktivitäten, die über die Symbole der Materialien angezeigt werden. In den Gruppierungen ergeben sich durch die Alters- und Kompetenzunterschiede Helfersysteme, die die fachspezifischen Arbeitsphasen zusätzlich stärken. Das grundsätzliche Zeitmaß für die Methode ist die individuelle Lernzeit, die jedes Kind benötigt.

Die Güte einer Schule, die nach der MGML-Methodology arbeitet, besteht darin, dass das Lernen nicht im Gleichschritt, sondern im Ungleichschritt stattfinden kann.

große Effekte

Besonders in Schulen, die in hohem Maße mit der Heterogenität ihrer Schüler konfrontiert sind, finden zentrale Ideen des Lernens mit Lernleitern mehr und mehr Anklang, weil sich damit viele Herausforderungen lösen lassen: Schüler können ihre Lernprozesse gemäß ihres Lern- und Leistungsstandes weitestgehend selbstverantwortlich steuern und ermöglichen Lehrkräften, dort zu arbeiten, wo individuelle Förderung in besonderem Maße nötig ist.

Das Erleben der Verantwortung im eigenen Lernprozess ist für viele Schüler eine hoch motivierende Erfahrung, von der schulverweigernde Kinder ebenso profitieren wie bindungsgestörte oder von Versagensängsten geplagte Kinder und Jugendliche (Schnur/Müller 2013).

Die Lösung aller Probleme stellt das Lernen mit Lernleitern jedoch mitnichten dar. Vielmehr gibt es eine kluge und komplexe Antwort auf die unterschiedlichen Lernprozesse von Schülern und Lehrkräften. Wo die Methode lediglich als Technologie aufgefasst wird und allein Fragen vorgefertigter Materialien im Vordergrund stehen, wird sich nichts an der Qualität von Unterricht verändern – dies belegen Studien aus Indien an fast 40.000 Schulen (Akila 2011). Ganz im Gegenteil: Es bedeutete einen Rückfall in Ideen des programmierten Lernens und ein manipulatives Verständnis kindlicher Entwicklung. Es kommt wohl darauf an, sich täglich neu als Lerngemeinschaft zu begreifen, in der alle zusammenwirken und dennoch jeder in seinem Lerntempo an seinen Aufgaben arbeiten kann.

Für den Unterricht mit Kindern mit Verhaltensauffälligkeiten lassen sich sehr positive Effekte nachweisen:

das strukturelle Moment

Die lineare Struktur der Lernleitern, in denen durch die Grafik eine Richtung für Kinder erkennbar wird, schafft Sicherheit und Orientierung, was vielen Kindern, die ambivalent oder unsicher gebunden sind, sehr entgegenkommt. Gleichzeitig wird bewusst die Möglichkeit offen gehalten, in der eigenen Lerngeschwindigkeit zu arbeiten und nicht dem vermeintlich einheitlichen Tempo der Klasse folgen zu müssen. Sicherlich weisen andere offene Unterrichtsformen, beispielsweise die Wochenplanarbeit, ähnliche Strukturelemente auf. Im Unterschied dazu werden bei der Lernleiterarbeit jedoch nicht nur zu erledigende Aufgaben in einem Plan abgebildet, sondern die Lerninhalte werden in ihrer immanenten Sachstruktur in einer didaktisch sinnvollen Schrittfolge als zielgerichteter Lernprozess für die Kinder erkennbar. Zudem erleben die Schüler alle Aufgaben in einen größeren (Jahres-) Zusammenhang eingebunden. Hinzu kommt, dass es sich nicht um einen Plan handelt, der zwar eigenverantwortlich, doch letztlich innerhalb einer bestimmten Zeit abgearbeitet werden muss, sondern dass jeder Schritt in der je eigenen Lerngeschwindigkeit „gegangen" werden kann.

das grafische Moment

Lernleitern sind grafisch überwiegend linear dargestellt. Sie weisen eine Richtung und ein Ziel auf und schaffen somit eine Idee wie auch einen Überblick für die eigene Entwicklung. Sich weiter zu entwickeln und etwas Positives zu bewirken, ist dabei die zentrale Grunderfahrung, die besonders Kinder mit Verhaltensauffälligkeiten machen: Die Visualisierung der eigenen Lernbewegung steht den oft mannigfachen Erfahrungen des Abbruchs und Scheiterns in Familie und Regelschule positiv entgegen.

Die Lernleitern zeigen ihnen deutlich auf, dass sie sich weiterentwickeln. Über das selbstbestimmte Fortschreiten auf den Lernleitern erleben besonders Kinder, die sich aufgrund von sozialer Vernachlässigung und ambivalenten Bindungserfahrungen verhaltensauffällig zeigen, die positive Zumutung von Verantwortung sowie die Würdigung ihrer eigenen Entwicklung – eine Erfahrung, die viele dieser Kinder in ihrer Lernbiografie bis dahin nicht machen konnten.

das soziale Moment

In Indien sind für die Kinder an jeder Stelle einer Lernleiter nicht nur der Inhalt und die zugehörige Lernaktivität entnehmbar, sondern auch die Verknüpfung mit einer Sozialform. Dies führt dazu, dass sie lernen, in unterschiedlichen Unterstützungssituationen mit anderen Kindern zusammenzuarbeiten und zudem die Hilfe erhalten, die sie individuell benötigen bzw. die der Lerninhalt erforderlich macht. In vielen Grundschulen ist – bedingt durch die räumliche Situation – eine Rotation durch verschiedene soziale Unterstützungssysteme so nicht möglich. Zum einen sind die Klassenstärken zu gering, um in vier bis sechs Sozialformen arbeiten zu können. Zum anderen jedoch wäre die soziale Anforderung für viele Kinder so hoch, dass sie schnell an ihre Grenzen bzw. in Konflikte gerieten. Umgekehrt schließt das Arbeiten mit Lernleitern auch ohne Rotationssystem soziales Lernen nicht aus. Kinder können lernen, dass jeder Einzelne innerhalb der Klassengemeinschaft seine Aufgabe hat. Es entsteht somit ein vergleichendes, nicht aber konkurrierendes Verhalten. Für viele Kinder mit Verhaltensauffälligkeiten stellt dies eine Befreiung aus einer biografischen Grunderfahrung von Konkurrenz dar, mit der sie sich in schwierigen Lebenslagen in Familie und Schule oftmals behaupten mussten. Es trägt also wesentlich zur Entlastung betroffener Kinder bei, sich nicht auch noch in der Klassengemeinschaft konkurrierend verteidigen zu müssen, sondern durch das Arbeiten in der eigenen Lerngeschwindigkeit Entlastung zu erfahren.

das kontinuierliche Moment

Für die überwiegend ländliche Situation Indiens wurden die Lernleitern so entwickelt, dass Kinder, die aufgrund eines Ernteeinsatzes, religiöser Feste oder anderer Anlässe nicht in die Schule kommen können, genau an der Stelle in ihren Lernprozess zurückkehren, an der sie ausgestiegen sind. Es kann also nicht passieren, dass Kinder den Anschluss an die Klasse verpassen, weil sie grundsätzlich ihrem eigenen Lerntempo folgen. So ließ sich eine sehr hohe Drop-Out-Quote von Schülern beseitigen. In der Arbeit mit Kindern, die auffälliges Verhalten zeigen, erbringt diese Konstruktion den Effekt, dass sie bei Konflikten und in Krisen problemlos wieder „einsteigen" können, wenn diese geklärt und bearbeitet sind. Es ermöglicht zudem, dass beispielsweise die Arbeit der Schulsozialarbeit zur personalen und sozialen Entwicklung des einzelnen Kindes außerhalb der Klasse und während der Unterrichtszeit stattfinden kann, weil Lehrer wie Schüler nicht fürchten müssen, das betroffene Kind könne den Anschluss verlieren.

das instruktive Moment

In der Arbeit mit Lernleitern geht die Instruktion, eine Aufgabe zu bearbeiten, in grafischer Form von den Lernleitern aus. Die Schüler verorten sich und können über die Symbolstruktur selbstständig entnehmen, welche Aufgabe mit welchem Material in welcher Sozialform zu bearbeiten ist. Letztlich instruieren sich die Schüler selbst, mit der anstehenden Aufgabe zu beginnen. Die mehrjährige Erfahrung zeigt, dass selbst bzw. gerade schul- und leistungsverweigernde Kinder äußerst motiviert sind, mit Lernleitern zu arbeiten. Mehr noch: Sie fordern diese Arbeit richtiggehend ein. Diese außergewöhnlich hohe Dynamik ist sicherlich zum einen darauf zurückzuführen, dass sich Kinder in ihrer eigenen Lernbewegung wahrnehmen können. Zum anderen hat sie wohl damit zu tun, dass sie es selbst sind, die verantwortlich ihre Lernprozesse steuern. Kinder mit Verhaltensauffälligkeiten haben oftmals sehr ambivalente oder traumatisierende Erfahrungen mit Erwachsenen gemacht. Es kann daher vermutet werden, dass es ihnen immer wieder Schwierigkeiten bereitet, schulische Instruktionen von Erwachsenen entgegenzunehmen, weil sie ihre Erfahrungen auf Lehrkräfte projizieren und es so zu Konflikten kommt. Auf einer emotionalen Ebene könnten sie sich dabei schnell als ausgeliefert erleben und misstrauisch reagieren, was zu Verweigerungshaltungen oder anderweitigen Konflikten führen kann. Instruktionen, die sich betroffene Schüler selbst geben können und die wertfrei aus der Sache heraus sprechen, sind daher äußerst wirksam.

Girg, R., Lichtinger, U., Müller, T. (2012): Lernen mit Lernleitern. Unterrichten mit der MultiGradeMultiLevel-Methodology. Prolog, Immenhausen bei Kassel

Lichtinger, U., Hölderich, A. (2016): Buchstabenberge – Gesamtset. S. Roderer, Regensburg

Schnur, S., Müller, T. (2013): Elemente der MultiGradeMultiLevel-Methodology. Möglichkeiten und Grenzen für den Unterricht mit verhaltensauffälligen Kindern. edition freisleben, Rimpar

Auf den Punkt gebracht!

- Unterricht ohne Störungen gibt es nicht!
- Strukturwissen im Hinblick auf gut arrangierte Räume, eine bewusst eingesetzte Sprache und das Bemühen um methodische Passungen reduzieren Störungen und Konflikte im Unterricht erheblich.
- Bindungswissen hilft, dem Erleben von Kindern näher zu kommen und diesem unterrichtlich zu entsprechen, indem die Lehrer-Schüler-Beziehung und die Lernangebote entsprechend arrangiert werden.
- Formen kooperativen Lernens ermöglichen die Erprobung und Entwicklung sozialer Kompetenzen.
- Das Lernen mit Lernleitern stellt eine Möglichkeit dar, der Heterogenität einer Klasse zu entsprechen und dabei Struktur- und Bindungswissen methodisch miteinander zu verbinden.

4 Situationen aus der Praxis

Die im Folgenden dargestellten Situationen sind Beispiele aus der täglichen Schulpraxis. Sie ereignen sich so oder so ähnlich immer wieder und führen zu vielen Konflikten und Herausforderungen. Die getroffene Auswahl ist nicht zufällig, sondern folgt systematischen Überlegungen: Erstens sind die Beispiele *typisch* für den Unterrichtsalltag, zweitens stehen sie *exemplarisch* für wiederkehrende Verhaltens- und Erlebensmuster von Kindern und drittens soll an ihnen *Grundsätzliches* aufgezeigt werden, das über das geschilderte Beispiel hinausgeht. Es geht daher *nicht* um eine Ideallösung *dieser* Beispielsituationen – eine solche gibt es nicht –, sondern um erzieherische und unterrichtliche Überlegungen verbunden mit konkreten Tipps, aber auch zu bedenkenden Hinweisen für die schulische Praxis.

Die Situationen selbst gliedern sich in zwei große Blöcke. In Kapitel 4.1 geht es um Verhaltens- und Erlebensweisen, in denen etwas übersteigert, überzogen oder übertrieben wird, in denen es zu Übergriffen sich, anderen und Gegenständen gegenüber kommt. In Kapitel 4.2 geht es um Verhaltens- und Erlebensweisen, in denen etwas verweigert wird, Hilfe nicht angenommen werden kann oder Kinder sich selbst einer Situation entziehen. Bisweilen überschneiden sich die Situationen, weil das in ihnen gezeigte Verhalten zwar hoch unterschiedlich ist, das Erleben, auf das das Verhalten zurückgeführt werden kann, aber ähnlich sein kann. Meist geht es dabei um Ohnmachtserfahrungen und Beschämungen, um Isolation und Bloßstellung, um übermäßige Begrenzung oder Freigabe, um ausbleibende Anerkennung und Ermächtigung und, in Folge davon, ein niedriges Selbstwertempfinden und eine geringe Frustrationstoleranz.

4.1 Situationen der Übersteigerung

Schüler, die sich selbst schaden

Sebastian verhält sich oft überdreht und wirkt übermäßig gut gelaunt. Immer aber, wenn die Lehrkraft ihm ein Arbeitsblatt auf den Tisch legt, zerreißt Sebastian es – oft, ohne nur einen einzigen Blick darauf geworfen zu haben. Lässt sich Sebastian auf Arbeit ein und kommt nicht weiter, so kann es passieren, dass er mit dem Kopf gegen den Tisch oder die Wand schlägt. Mehrfach hat er sich auf der Toilette mit seinem Gürtel so stark am Hals gewürgt, dass er blau angelaufen ist. In klärenden Gesprächen ist von Sebastians guter Laune nichts mehr zu spüren: Er wirkt oft sehr traurig und niedergeschlagen. Immer wieder behauptet Sebastian, dass er nichts könne und ein Versager sei. Auf die Frage, warum er die Lehrkraft nicht um Hilfe bittet, wenn er nicht weiterweiß, kann er keine Antwort geben.

Erzieherische Überlegungen

Das Beispiel von Sebastian steht für viele Kinder, deren Frustrationstoleranz so niedrig ist, dass sie ihre Arbeitsmaterialien zerstören. Die Angst zu versagen und die damit verbundene Erwartung zu scheitern, sind so groß, dass sie mit ihrer Arbeit nicht beginnen können.

Selbstschutz und Selbstbild

Das Zerstören selbst kann verschieden aufgefasst werden: einerseits als Selbstschutz, nach dem Motto „Ich beginne keine Arbeit mehr, dann kann ich auch nicht versagen.“, andererseits aber auch als Ausdruck eines verinnerlichten Selbstbildes, nach dem Motto „Ich bin eh so schlecht und wertlos, ich brauche gar nicht anfangen, denn ich weiß schon, wie es ausgeht: Ich versage!“. Das Zerstören des Arbeitsmaterials und hier im Beispiel in gesteigerter Form die Selbstverletzung bringen die Zerstörung des eigenen Ichs zum Ausdruck. Kinder wie Sebastian haben oft über Jahre hinweg massive Ablehnung und Abwertung erfahren, nicht selten in Verbindung mit Gewalt. Dieses „Gefüge“ wird nach und nach verinnerlicht und als Selbstbild übernommen. Besonders tragisch ist das dann, wenn Kinder eigentlich über ein gutes kognitives Potenzial verfügen, dieses aber nicht ausschöpfen können, weil sie sich in der Abwärtsspirale aus eigener Abwertung, Frustrationserwartung und negativem Selbstbild verstricken.

Frustration auf Seiten der Lehrkraft

Situationen wie diese sind für Lehrkräfte in mehrfacher Hinsicht schnell frustrierend: Zum einen ist es nicht motivierend, wenn alles, was man sich für einen Schüler überlegt hat, zerstört oder abgewertet wird. Man ist dann schnell selbst enttäuscht und verletzt. Diese Verletzung kann für Schüler spürbar werden und dazu führen, dass sich Situationen wie die hier geschilderte wiederholen und verstärken. Zum anderen scheinen Schüler wie Sebastian kaum erreichbar für pädagogische Bemühungen. Ihre Hilflosigkeit kann geradezu ansteckend wirken.

Unterrichtliche Überlegungen

Im Unterricht stellen sich Schüler wie Sebastian als äußerst herausfordernd dar. Auf der einen Seite gilt es, mit der Frustration, der „Zerstörungswut" und dem selbstverletzenden Verhalten zurechtkommen: Der Schüler soll beruhigt, geschützt und zur Arbeit motiviert werden. Dem gegenüber steht möglicherweise das Uneinverständnis der Lehrkraft im Umgang mit Arbeitsmaterialien und ein Erschrecken über das selbstverletzende Verhalten. Hinzu kommen die anderen Schüler, die einerseits selbst sehr erschrocken sein können, andererseits entsetzt sind, wie mit Schulsachen umgegangen wird, und die nun eine aus ihrer Sicht nachvollziehbare und angemessene Reaktion der Lehrkraft erwarten.

Herausforderung: Unterrichtsgestaltung

Schüler wie Sebastian stellen Lehrkräfte auch mit Blick auf den Leistungsanspruch der Grundschule vor große unterrichtliche Herausforderungen: Die Taktung von inhaltlich-stofflicher Arbeit und Leistungsüberprüfungen ist eng, und Schüler mit starkem Frustrationslevel erleben das „System Grundschule" nicht selten als Negativverstärker ihres Selbstbildes und ergeben sich entweder völlig in ihre Situation oder wehren sich mit Zerstörung und Selbstverletzung. Doch auch in der Grundschule müssen nicht alle Schüler stets am Gleichen arbeiten. Ist eine Klasse lernzieldifferenzierten Unterricht gewohnt, so bieten sich einerseits Aufgaben an, die so gut wie möglich an den Interessen eines solchen Schülers ausgerichtet sind, zum anderen nivellieren sich Frustrationserfahrungen bisweilen, wenn regelmäßig auf Formen kooperativen Arbeitens zurückgegriffen wird, in denen auch Schüler wie Sebastian eine Aufgabe übernehmen können.

Es mag frustrierend sein, dass liebevoll und mühsam vorbereitete Arbeitsmaterialien in Sekundenschnelle zerstört werden. Lassen Sie sich dennoch nicht dazu hinreißen, enttäuscht oder gar mit Strafe zu reagieren. Werden Sie emotional, so „bestätigen" Sie letztlich das negative Selbstbild eines solchen Schülers, statt ihm entgegenzuwirken.

- Vermeiden Sie daher emotionale Äußerungen dem Schüler gegenüber, vor allem vor der Klasse. Vermeiden Sie alles, was den Schüler beschämen und sein Selbstbild weiter beschädigen könnte wie beispielsweise die öffentlich angekündigte und vollzogene Kostenübernahme für zerstörtes Material durch den Schüler oder auch die öffentlich eingeforderte „Reparatur" beispielsweise durch Zusammenkleben- oder Bügeln-Lassen von Arbeitsblättern.
- Entwerfen Sie eher kleine Aufgaben, zerschneiden Sie Arbeitsblätter in Sinnabschnitte und kopieren Sie einzelne Aufgaben aus Büchern, die Sie dem Schüler nach und nach anbieten können. Kleine Aufgaben wirken von Anfang an überschaubarer und führen Schüler schneller zu Erfolgserlebnissen. Erweist sich dies als zielführend, kann das Arbeitsvolumen langsam gesteigert werden.
- Bereiten Sie mehrere Aufgaben zur Wahl vor und zeigen Sie diese dem Schüler zunächst nur. Die Möglichkeit, entscheiden zu können, ermächtigt ihn einerseits, andererseits entsteht eine Verantwortung, mit der dann getroffenen Wahl angemessen umzugehen.
- In besonders massiven Fällen kann es hilfreich sein, Aufgaben möglichst unzerstörbar zu machen und sie beispielsweise in laminierter Form anzubieten.
- Haben Sie immer mehrere Kopien sowie viele Ersatzmaterialien vorrätig. Es kann sein, dass sich Kinder wie Sebastian nach einer ersten Frustentladung doch dazu „verführen" lassen, sich mit einer Arbeit auseinanderzusetzen. Unterbreiten Sie dabei Ihre Angebote so neutral und „unauffällig" wie möglich, um der Störung nicht zu viel Raum innerhalb der Klasse zu geben.
- Arbeiten Sie mit betroffenen Schülern zum Bilderbuch „Robbi regt sich auf", insbesondere zu jenen Aspekten, bei denen sich „Robbi" selbst schadet (konkrete Tipps in Müller/Temper 2018, 37 ff.).

⚠

- Dringend abzuraten ist von allen Formen von Verstärkerplänen und Token-Systemen. Schüler, die stark frustriert sind, können nicht abwarten, bis sie sich eine gewisse Zahl an Tokens erarbeitet oder angespart haben. Ganz im Gegenteil: Für sie sind solche Formen der Verhaltensrückmeldung eine Qual.
- Gespräche mit Eltern und Schüler werden aller Wahrscheinlichkeit nach nicht ausreichen. Besonders Einzelgespräche mit betroffenen Schülern können verunglücken, weil man ihnen darin ihre Situation vor Augen führt und sie sich ihrer Hilflosigkeit bewusst werden. Dies führt nicht zur Lösung, sondern zu weiteren Komplikationen.

- Sind die Selbstverletzungen massiv und häufig, so sollten Sie unbedingt Unterstützung anfordern, beispielsweise in einem ersten Schritt durch den zuständigen Schulpsychologen.
- Zudem müssen Sie mit dem Kollegium sicherstellen, dass sich Schüler wie Sebastian nicht weiter massiv verletzen können. D.h., dass z.B. Toilettengänge nicht alleine stattfinden dürfen, sondern begleitet werden müssen.

Schüler, die anderen schaden

Samuel wirkt oft unkonzentriert und tut sich schwer, in seine Arbeit hineinzufinden. Er stört andere Schüler scheinbar systematisch bei ihrer Arbeit und freut sich, wenn ihm dies gelingt. Schnell wird er aggressiv und ist in Konflikte mit der Lehrkraft oder anderen Schülern verwickelt, wenn sich diese dagegen wehren oder er aufgefordert wird, seine eigene Arbeit zu erledigen. Samuel zerstört dann die Arbeitsmaterialien seiner Mitschüler. Bisweilen wird er dabei auch körperlich übergriffig, indem er andere schubst oder schlägt. Auch gegen seine Lehrkraft hat er schon die Hand erhoben.

Erzieherische Überlegungen

Mit Schülern wie Samuel zu arbeiten, ist nicht nur aufgrund des gezeigten Verhaltens herausfordernd, sondern auch, weil diese Schüler sehr schnell Antipathien bei ihren Lehrkräften erzeugen. Wer Lustgewinn und Freude aus dem Schaden anderer zieht, macht sich nicht beliebt – auch nicht in der Schule.

Schüler wie Samuel wachsen oft in Verhältnissen auf, in denen sie (mit Gewalt) „klein" gehalten werden.

Reichweite vergrößern

Kommen sie in die Schule, dann versuchen sie alles, um ihre Reichweite und Wirksamkeit, und damit sich selbst, zu „vergrößern". Sie haben sich oftmals nicht als wertvoll und selbstwirksam erleben können und daher eher Zutrauen in Destruktion als in Konstruktives. Deshalb ziehen sie vordergründig Freude aus dem Stören und Zerstören von Materialien ihrer Mitschüler. Ihr Anliegen ist es, ja muss es sein, sich selbst zu *er*mächtigen und sich zerstörerisch dem Eigentum anderer zu *be*mächtigen, weil sie sich selbst als eher *ohn*mächtig erleben. Durch ihr Verhalten können sie sich mächtig, stark und groß fühlen.

körperliche Übergriffe

Auch die körperlichen Übergriffe könnten so aufgefasst werden: einmal als Ausdruck der eigenen Ermächtigung und des subjektiv notwendigen Gefühls, sich stärken zu wollen und stark fühlen zu müssen. Zum anderen aber als Reichweitenvergrößerung, bei der es darum geht, die eigene Begrenztheit und die möglicherweise biografisch auferlegten Beschränkungen zu verlassen, das eigene Ich auszudehnen und daher auf andere im wahrsten Wortsinn „zuzugreifen" und „überzugreifen".

subjektive Logiken

Das Wissen um solche potenziell subjektiven Logiken und Notwendigkeiten macht die erzieherische Arbeit nicht einfacher. Denn einerseits kann das Verhalten, bei dem andere und anderes zu Schaden kommen, nicht akzeptiert werden, andererseits weiß man um die innere Not eines solchen Schülers. Die erzieherische Aufgabe besteht darin, beiden Aspekten gerecht zu werden. Dort, wo Eigentum anderer zerstört wird und Kinder oder Lehrkräfte Gefahr laufen, körperlichen Übergriffen ausgesetzt zu sein, gilt es, dies in aller Konsequenz zu unterbinden. Doch die pädagogische Arbeit endet damit nicht, sondern beginnt an dieser Stelle erst. Es muss wesentlich darum gehen, für Schüler wie Samuel die Schule zu einem Ort der Reichweitenvergrößerung und des Selbstwirksamkeitserlebens zu machen, so dass die gezeigten Verhaltensweisen nach und nach reduziert werden können, weil das Sich-Selbst-Erleben sich verändert.

Unterrichtliche Überlegungen

Unterricht mit Kindern wie Samuel steht demnach vor der Aufgabe, diese Schüler so in das Geschehen einzubinden, dass sie es sozusagen „nicht nötig haben", Lustgewinn aus der Zerstörung des Arbeitsmaterials anderer zu ziehen oder diese zu schlagen. Andersherum gesagt: Schule darf von Schülern nicht als ein Ort empfunden werden, an dem sie zu bloßen Empfängern von Arbeitsanweisungen und Erbringern von Leistungsanforderungen reduziert werden. Das gilt allgemein, aber im Besonderen, wenn Kinder mit biografischen Ohnmachtserfahrungen in der Klasse sitzen.

Verantwortung für sich und andere

Es wird wohl darauf ankommen, Aspekte zu stärken, in denen Schüler in einem strukturierten und dadurch abgesicherten Rahmen Verantwortung für sich und ihr Lernen übernehmen können. Besonders projektorientiertes Arbeiten bietet sich dafür an, wenn die Rollenzuweisung an Schüler wie Samuel bewusst erfolgt. Aber auch Methoden wie die Arbeit mit Expertengruppen oder andere Formen kooperativen Lernens erfüllen diese Bedingungen.

partizipative Verfahren

Darüber hinaus empfiehlt es sich, partizipative Verfahren einzurichten: Das regelmäßige Durchführen eines Klassenrates übergibt Schülern Verantwortung für ihre Probleme und Konflikte und ermöglicht ihnen einen Erprobungsraum für soziales Lernen, ohne sie dabei allein zu lassen. Bisweilen macht es Sinn, Schüler wie Samuel bewusst in Rollen zu versetzen, die man ihnen nicht zutrauen würde, um sie Erfahrungen machen zu lassen, die sie so nicht kennen und von denen sie für sich selbst profitieren, beispielsweise der Einsatz als Streitschlichter, Pausenhelfer oder Mentor für jüngere Schüler.

- Sagen Sie klar, was Sie möchten, nach dem Motto: „Hier wird nichts zerstört!“ oder „Ich akzeptiere es nicht, dass Du andere Kinder (oder mich) schlägst.“ Das stellt das Verhalten natürlich nicht einfach ab, aber es zeigt dem Schüler auf, wofür Sie stehen. Es macht Sinn, sich solche Sätze vorzubereiten, damit man sie in emotional aufwühlenden Situationen parat hat.
- Noch besser ist es, wenn Sie formulieren können, was Sie erwarten, um für eine positive Handlungskultur zu stehen, nach dem Motto: „Ich möchte, dass alle Kinder in Ruhe lernen können.“ oder „Ich möchte, dass Du Dich nur mit Deiner Arbeit beschäftigst.“ Wiederholen Sie den Satz im Konfliktfall mehrfach. Damit schützen Sie sich selbst davor, in einen Konflikt hineingezogen zu werden, und der Schüler hört, wofür Sie stehen.
- Sorgen Sie für Wiedergutmachung, wenn andere zu Schaden kommen, ohne dass dabei der Schüler zum Täter stilisiert oder beschämt wird. Suchen Sie nach sachbezogenen Wiedergutmachungen, z.B. das Ersetzen von Materialien.
- Suchen Sie nach Rollen und Aufgaben, in und mit denen sich Schüler wie Samuel stark und mächtig, wirksam und groß erleben können.
- Richten Sie einen wöchentlichen Klassenrat ein. Hilfen und Anleitungen dazu finden Sie unter: www.derklassenrat.de.

- Lassen Sie es nicht dabei bewenden, lediglich das zerstörerische und übergriffige Verhalten „abzustellen“ oder zu sanktionieren. Auch wenn solche Verhaltensweisen nicht hinzunehmen sind – Bestrafung und Sanktionierung allein sind keine pädagogische Arbeit.
- Lehrkräfte haben bei aller individuellen Verschiedenheit im Großen und Ganzen ähnliche Bildungsbiografien und entstammen zumeist der bürgerlichen Mittelschicht. Davon sind auch ihre Norm- und Wertvorstellungen geprägt. Schnell reagiert man daher auf Normverletzungen mit moralisierenden Äußerungen und entsprechenden Sanktionen, ist entsetzt oder enttäuscht. Im Wissen um die Notwendigkeit des Zerstörens und der körperlichen Übergriffe gilt es immer wieder aufs Neue, sich eigener

Wertvorstellungen bewusst und darüber klar zu werden, dass sich das Leben mancher Kinder völlig anders ereignet als es die eigene Kindheit war. Normverletzung kann auch eine Anpassungsleistung sein, möglicherweise die einzige, die einem Kind zur Verfügung steht. Dies bedeutet nicht, Zerstörungen und Übergriffe hinzunehmen, aber es hilft dabei, angemessene Formen der Begrenzung und vor allem der Konsequenzen auf solche Verhaltensweisen zu finden.

Schüler, die sich in Szene setzen

Ludwig hat immer einen flotten Spruch auf den Lippen. Er ist daher beliebt und stellt jede Menge kleiner Streiche an, die im Grunde nicht weiter bedenklich wären, die Lehrkraft aber Zeit und Energie kosten. Immer wieder lenkt er die Aufmerksamkeit der Mitschüler durch Witze und andere „Spaßaktionen" auf sich und unterbricht so das Unterrichtsgeschehen. Wird Ludwig vor der Klasse auf die bestehenden Regeln hingewiesen bzw. ermahnt oder getadelt, steigert sich die Situation schnell in einen größeren Konflikt. Ludwig wird dann ausfallend und reagiert aggressiv im Umgang mit der Lehrkraft.

Erzieherische Überlegungen

Schüler wie Ludwig wirken in ihrem Auftreten sehr sicher und selbstbewusst. Sie scheinen nie um eine Antwort verlegen und meist recht eloquent. In der Klasse sind sie aufgrund ihrer Aktionen meist beliebt – oft aber nur vordergründig, denn schnell fühlen sich Mitschüler auch gestört und beeinträchtigt. Richtige Freundschaften finden sich daher meist nicht. Dass das zur Schau gestellte Selbstbewusstsein letztlich auch nur vordergründig existiert, zeigt sich an den Reaktionen Ludwigs auf seine Lehrkraft: Er kommt mit Begrenzungsversuchen letztlich nicht zurecht und reagiert aggressiv und beleidigend auf diese.

Abwertungen erfahren

Schüler wie Ludwig stammen oft aus familiären Verhältnissen, wo sie entweder nichts gelten und ständigen Abwertungen ausgesetzt sind, oder aber in denen es sehr „starke", übermächtige, evtl. auch überbehütende Elternteile gibt, die dem eigenen Kind zu wenig zutrauen oder es zu wenig selbst erproben lassen.

In der Schule versuchen solche Kinder dann auszugleichen, was an anderer

Stelle nicht sein kann oder darf. Es geht ihnen grundsätzlich darum, als Person zu gelten und anerkannt zu sein.

Inszenierung von Selbstbewusstsein

Dazu inszenieren sich Schüler wie Ludwig in der Klasse als selbstbewusst, stark und witzig. Den Mitschülern fällt es oft nicht auf, dass es im betreffenden Schüler selbst ganz anders aussieht.

Ist das Geltungsbedürfnis sehr groß, dann stellt jede Begrenzung durch die Lehrkraft eine doppelte Gefahr dar: Einerseits erinnert die mahnende, an Regeln erinnernde oder strafende Lehrkraft ein solches Kind möglicherweise daran, wie es zuhause ist. Andererseits läuft das Kind Gefahr, das zu verlieren, was es am meisten benötigt: Anerkennung. Hinzu kommt eine soziale Komponente: Wird der Schüler öffentlich, im Beisein der Klasse getadelt, so kann er sich schnell beschämt fühlen und „sein Gesicht verlieren". Dieser Gesichtsverlust ist umso bedeutsamer oder tragischer, als dass vermutlich bereits zuhause darum „gekämpft" werden muss, das eigene Gesicht zu wahren. Dass Schüler wie Ludwig dann mit Aggressionen oder Beleidigungen reagieren, ist subjektiv logisch, in der Klassengemeinschaft jedoch nicht hinnehmbar. Dies führt erzieherisch in eine Doppelaufgabe: Wie kann dem massiven Bedürfnis nach Anerkennung und Geltung einerseits entsprochen und wie andererseits mit Regelverstößen, aggressivem Verhalten und Beleidigungen umgegangen werden, ohne den Schüler (zusätzlich) abzuwerten?

Unterrichtliche Überlegungen

Die unterrichtlichen Herausforderungen mit Ludwig sind also vielfältig, vor allem aber zeit- und kraftraubend. Das Unterrichtsgeschehen muss immer wieder unterbrochen werden, Diskussionen geführt, Beleidigungen abgewehrt und Aggressionen sanktioniert werden. Besonders, wenn sich Konflikte hochschaukeln, führt dies zu einer unangenehmen Atmosphäre für alle. Bisweilen empfindet man sich als Lehrkraft aber auch im Zwiespalt, denn Kinder wie Ludwig beleben den Unterricht auch durch ihren Witz, und man muss sich bemühen, ernst zu bleiben und nicht zu lachen, wenn die Äußerungen nicht zum Thema passen und andere Schüler verleiten könnten, sich ebenfalls in Szene zu setzen.

dem Anerkennungsbedürfnis entsprechen

Dem Anerkennungs- und Geltungsbedürfnis solcher Kinder lässt sich nicht dauerhaft durch besondere Aufgaben und Funktionen in der Klasse entsprechen. Ganz im Gegenteil: Ist das betreffende Kind beispielsweise für das Tafelwischen oder Austeilen von Heften verantwortlich, bereitet man ihm eher die Bühne, als ihm diese zu entziehen. Außerdem sind diese Aufgaben schnell unbefriedigend und entsprechen in ihrem Charakter nicht der Tiefe des Bedürfnisses nach Geltung.

Echte Aufgaben?

Es zeigt sich an dieser Stelle ein grundsätzliches Problem von Schule, das längst bekannt ist: Sie hält nicht genügend „echte" Aufgaben bereit, an denen sich Kinder wie Ludwig im Hentig'schen Sinne „bewähren" (2006) und darüber selbst als „wahr" erleben könnten. Dazu zählen beispielsweise das Arbeiten mit und in der Natur, Theaterspielen, Werkstätten, in denen frei gebastelt und experimentiert werden kann, aber auch die Pflege von Tieren in der Schule, die Arbeit in Schulgarten und -küche sowie Langzeitprojekte an Themen, die die Schüler interessieren und die in ihrer jeweiligen Lebensphase von Bedeutung für sie sind.

- Schülern wie Ludwig, die sich stark über die humoristische Ebene inszenieren, lässt sich oft gut mit Humor begegnen. Humor, der nicht sarkastisch oder zynisch ist und dadurch beschämt, entwertet aufgeladene Situationen und schafft eine Atmosphäre der Leichtigkeit in der Klasse, statt der „Schwere" einer langwierigen Konfliktklärung mehr und mehr Raum geben zu müssen. Überlegen Sie daher für sich selbst, inwieweit Sie als Person auch humoristisch mit einem Schüler wie Ludwig umgehen könnten, ohne ihn bloßzustellen.
- Machen Sie von vorneherein deutlich, was Sie in dieser Stunde oder an jenem Tag von dem betreffenden Schüler erwarten, ohne dabei zu drohen. So schaffen Sie eine auf die Sache bezogene Orientierung für den Schüler und Sie können ihn schon bei kleinen Gelingensschritten loben und anerkennen.
- Überlegen Sie, wie sich sogenannte „echte" Aufgaben durch methodische und inhaltliche Entscheidungen in Ihrem Unterricht realisieren lassen. Sicher ist dies auch ein Thema über Ihr Klassenzimmer hinaus und zieht Prozesse der Schulentwicklung nach sich. Projektorientierte Arbeit und offene Wochenplanarbeit könnten sich dabei als hilfreich erweisen, weil Schülern stärker Verantwortung übertragen wird als im frontalen Unterricht.
- Schüler wie Ludwig versuchen, Geltung zu erfahren, indem sie sich des sozialen Rahmens bedienen, in dem sie sich befinden. Aufgaben, die soziale Verantwortung realisieren, können daher störendes Verhalten reduzieren und Bedürfnisse stillen. Beispiele hierfür sind: ältere Schüler lesen jüngeren Schülern vor, allgemeine Mentoren- und Patenschaften in der Schule, Mithilfe beim morgendlichen Frühstücksangebot der Schule, Ausbildung zum Konfliktlotsen oder Pausenhelfer.

- Aggressionen und Beleidigungen gegen Mitschüler oder Lehrkräfte müssen nicht akzeptiert werden, auch wenn man um die subjektive Logik und Notwendigkeit eines solchen Verhaltens weiß. Überlegen Sie, wie Sie Schüler wie Ludwig begrenzen und ermahnen können, ohne ihn bloßzustellen und zu beschämen. Formen der Wiedergutmachung, beispielsweise durch die Übernahme eines eher „unangenehmen" Klassendienstes oder eine schön geschriebene oder gemalte Entschuldigung sind *eine* Möglichkeit. Damit einhergehen muss aber auch eine Würdigung der Wiedergutmachung durch die Betroffenen ohne Moralisierung. Gelungene Formen der Wiedergutmachung beschämen den Schüler nicht und bieten ihm quasi durch die Hintertüre eine Möglichkeit zur Anerkennung.
- Es gibt gute Gründe, aggressives Verhalten zu dokumentieren. Ob dies allerdings in Verbindung mit einem Verweis oder einer Mitteilung stehen sollte, ist zu hinterfragen, bedenkt man zum einen die oft schwierige häusliche Situation und die Wirkung einer solchen Ordnungsmaßnahme. Zum anderen läuft man schnell Gefahr, das Aussprechen von Ordnungsmaßnahmen mit der eigentlichen pädagogischen Arbeit zu verwechseln. Wer einen Verweis schreibt, hat Zeit verloren, sich mit dem Schüler selbst auseinanderzusetzen.

Schüler, die sich einmischen

Jennifer besucht die zweite Klasse. Sie verhält sich eher zurückhaltend, beobachtet ihre Mitschüler aber sehr genau. Versucht die Lehrkraft, etwas mit einem anderen Kind zu besprechen oder gar einen Konflikt zu klären, mischt sich Jennifer stets ein. Ihr scheint alles daran gelegen, das andere Kind vor der Lehrkraft schlecht da stehen zu lassen. Bisweilen erfindet sie dafür auch Details, die gar nicht stattgefunden haben. Aber auch von sich aus versucht sie, die Lehrkraft immer wieder darauf aufmerksam zu machen, wenn sich ein Kind ihrer Meinung nach nicht regelkonform verhalten hat. Sie ermahnt die betreffenden Kinder und weist sie auf Konsequenzen und mögliche Strafen hin. Es scheint ihr große Genugtuung zu bereiten, wenn andere Kinder von der Lehrkraft ermahnt oder getadelt werden.

Erzieherische Überlegungen

Jennifer steht in diesem Beispiel stellvertretend für Schüler, die anstrengend sind, weil sie sich permanent einmischen und versuchen, die Rolle der Lehrkraft zu übernehmen sowie Genugtuung zu empfinden scheinen, wenn die Lehrkraft aufgrund ihrer Intervention mit anderen Kindern schimpft. Kinder, die im wahrsten Wortsinn schadenfroh sind, ziehen selten Sympathien auf sich – auch nicht die der Lehrkraft.

„beengte“ Verhältnisse

Es ist zu vermuten, dass Schüler wie Jennifer in Verhältnissen aufwachsen und leben, die ihnen insgesamt wenig Raum lassen. Das kann einerseits wörtlich verstanden werden als ein Leben, das in sehr begrenzten und beengten Verhältnissen stattfindet. Das kann andererseits aber auch im übertragenen Wortsinn gelten als ein Leben, das geprägt ist von sehr rigiden erzieherischen Vorstellungen, überaus starker Regulierung, wenig kindgemäßen Regeln und Pflichten. So oder so müssen sich solche Kinder meist von klein auf den herrschenden Verhältnissen im Übermaß unterordnen und bekommen immer wieder zu spüren, dass sie sich am unteren Ende einer Hierarchie befinden. Dort, wo sie Regeln und Pflichten nicht entsprechen, erfahren sie zumeist Strafe.

Denkbar wäre aber auch, dass Jennifer in hohem Maße Verantwortung in ihrer Familie übernehmen müssen, etwa weil die alleinerziehende Mutter noch weitere Kinder hat und sie die Betreuung mit übernehmen muss. Darüber hinaus wäre es auch vorstellbar, dass ein oder beide Elternteile psychisch erkrankt sind und sich daher nicht in dem Maße um ihre Kinder kümmern können, wie sie es gerne täten. Haben Kinder wie Jennifer jüngere Geschwister, dann rutschen sie schnell in die Position einer „Ersatzmutter“ oder eines „Ersatzvaters“ und übernehmen Pflichten und Aufgaben, die nicht altersangemessen sind.

Übertragungen

Im Fall eines Lebens in beengten und beengenden Verhältnissen, in denen Kinder sehr rigiden erzieherischen Vorstellungen und Praktiken ausgesetzt sind, übertragen sie ihr Erleben in die Schule und versuchen nun, selbst in die Position zu kommen, Regeln zu machen, um sich nicht klein, sondern mächtig zu fühlen, oder aber „gut da zu stehen“, um Anerkennung zu erhalten. Daher verhalten sich Schüler wie Jennifer zunächst oft zurückhaltend. Sie sind es gewohnt, nicht im Vordergrund zu stehen, und haben lernen müssen, dass es besser ist, eher „abzutauchen“ und nicht aufzufallen. Gleichzeitig lauern sie aber geradezu darauf, wenn ein anderes Kind sich nicht an die Regeln der Klasse hält, um dies der Lehrkraft zu melden – stets verbunden mit der Erwartung, Anerkennung dafür zu erhalten. Anerkennung, so ihre Lebenserfahrung, wird Menschen dann zuteil, wenn sie sich genau an die

Regeln in den geltenden Herrschaftsstrukturen halten. Hinzu kommt: Wenn sie sich selbst schon so anstrengen müssen, alle Regeln und Pflichten zu erfüllen, allen Erwartungen und Vorstellungen zu entsprechen, dann müssen es andere Kinder auch, so ihre Vorstellung.

Übernahme nicht-altersgemäßer Rollen

Im Falle der Übernahme nicht-altersgemäßer Rollen und von zu viel Verantwortung im familiären Kontext verwundert das ständige Sich-Einmischen nicht. Kinder, die in solchen Verhältnissen aufwachsen, sind es gewohnt, sich einzumischen. Es wird geradezu von ihnen erwartet. Sie übernehmen Verantwortung für jüngere Geschwister, bringen sie beispielsweise in den Kindergarten oder ins Bett, machen Frühstück oder kochen, putzen in der Wohnung und gehen einkaufen. Ihr Alltag entspricht oft dem eines Erwachsenen. Allerdings erleben sie ihre Eltern im Fall einer psychischen Erkrankung als wenig handlungsfähig, und diese Idee von Erwachsensein wird auch in den schulischen Kontext übertragen. Das unbewusste Motto solcher Kinder lautet: „Ich muss der Lehrkraft helfen, mit den anderen Kindern zurechtzukommen, alleine schafft sie das nicht." Mit dieser Unterstellung ist zugleich die Hoffnung auf Anerkennung verbunden: „Wenn ich mich einmische, dann helfe ich der Lehrkraft, und dann erhalte ich Anerkennung."

Unterrichtliche Überlegungen

Unterricht mit Kindern wie Jennifer muss verschiedene Aspekte berücksichtigen und austarieren. Einerseits gibt es womöglich ein Bedürfnis, sich mächtig zu fühlen. Andererseits liegt auf solchen Schülern bisweilen eine familiäre Verantwortung, die eher dazu führen müsste, sie zu entlasten. Es kann daher hilfreich sein, einem solchen Schüler zu signalisieren, dass man als Lehrkraft alles „im Griff" hat und gerne die Verantwortung für die Klasse übernimmt. Hinzu kommen soziale Problematiken, die es zu bedenken gilt: Kinder wie Jennifer machen sich nicht gerade beliebt in ihrer Klasse, da sie immer auf den Nachteil der anderen Kinder sowie ihren eigenen Vorteil bei der Lehrkraft bedacht sind.

aktivitätsorientierter Unterricht

Es empfiehlt sich daher vor allem, Unterricht sehr aktivitätsorientiert und wenig lehrend anzulegen. Die betroffenen Schüler müssen permanent eingebunden, gefordert und beschäftigt sein, so dass sie gar nicht dazukommen, sich mit anderen Kindern zu befassen. Eine schnelle Taktung mit vielen kleinen handlungsorientierten Aufgaben erscheint hilfreich und schafft zugleich viele kleine, sachbezogene Anlässe, Anerkennung und Lob auszusprechen. Werden die Aufgaben zu „groß" oder dauern zu lange in der Bearbeitung, wächst auch die Gefahr des Abdriftens und der Beschäftigung mit dem, was andere Schüler gerade tun oder nicht tun. Allerdings dürfen gerade Schüler wie Jennifer bei einem solchen Rhythmus der Unterrichtsgestaltung stofflich nicht überfordert werden, da sie sonst frustriert sind und versuchen, Stärke und Anerkennung aus Einmischung und Reglementierung zu gewinnen.

- Zerlegen, zerschneiden und unterteilen Sie Aufgaben in viele kleine Schritte, die schnell aufeinander folgen können. Loben Sie jeden vollzogenen Schritt und jede gelöste Aufgabe, auch wenn es Ihnen nicht angemessen erscheinen mag, Lob für „so wenig" auszusprechen.
- Es gibt keine ideale Sitzposition für Schüler wie Jennifer im Klassenzimmer. Sitzen sie hinten, sehen sie alles und mischen sich von dort aus ein. Sitzen sie vorne, drehen sie sich permanent um. Allerdings könnte ein Einzeltisch hilfreich sein und ggf. auch eine mobile Trennwand oder so etwas wie ein leicht begrenzendes „Lernbüro". Das hilft dabei, sich stärker zu fokussieren und bei der Sache statt den anderen Schülern zu bleiben. Es sollte aber nicht isolierend wirken.
- Auch wenn es ermüdend und zermürbend ist, sprechen Sie immer wieder aus, dass Sie Konflikte mit anderen Kindern alleine regeln. Versuchen Sie dabei zu formulieren, wofür Sie stehen, beispielsweise: „Ich bespreche das mit X alleine." Vermeiden Sie Negativformulierungen, die sich auf den sich einmischenden Schüler beziehen, wie „X, misch Dich nicht ein!", denn dann steht er wieder im Mittelpunkt, was Sie eigentlich vermeiden wollten.

- Kinder wie Jennifer sollen lernen, dass ihnen Anerkennung gerade dann zuteil wird, wenn sie sich nicht einmischen oder andere Kinder an Regeln erinnern. Es wird dazu auch nötig sein, solche Schüler zu begrenzen und sich Einmischungen zu verbitten. Allerdings ist zu überlegen, was konventionelle Strafen im schulischen Kontext hier bewirken können. Es besteht zumindest die Gefahr, dass Kinder wie Jennifer eine Strafe so deuten, dass sie ihre (inneren) Verpflichtungen nicht gut genug erfüllt haben, so dass sie ihr Verhalten eher verstärken als es abzuschwächen. Dies führt schnell in einen Strudel der Konflikte.
- Die Arbeit mit Eltern ist im hier geschilderten Beispiel besonders wichtig, aber auch herausfordernd. Sind Eltern psychisch erkrankt, ist der Einfluss durch die Schule evtl. fraglich. Im Falle eines Elternhauses mit sehr rigiden Wert- und Normvorstellungen kann es sein, dass man nicht ernst genommen und von den Eltern eher dazu aufgefordert wird, hart durchzugreifen. Gegebenenfalls bekommen Kinder wie Jennifer die Auswirkungen eines Elterngesprächs zuhause negativ zu spüren. Daher gilt:

Bereiten Sie sich sehr gut auf ein solches Gespräch vor und bedenken Sie mögliche Wirkungen. Reine Beschwerden über einen solchen Schüler führen nicht weiter.

Schüler, die zu viel Nähe suchen

Thomas wirkt in seinem Verhalten sehr angepasst und höflich. Es fällt auf, dass er viel Nähe und Gesprächskontakt zu Lehrkräften sucht. Dabei scheint es ihm egal zu sein, um welche Lehrkraft es sich handelt. Er begrüßt Lehrkräfte mehr als einmal am Tag, versucht ihnen permanent die Hand zu geben und sich in ihrer Nähe aufzuhalten. Thomas gelingt es im Unterricht kaum, in die Arbeit hineinzufinden. Immer wieder findet er Ausreden, nicht beginnen zu müssen, fragt bei jeder Kleinigkeit nach und versucht dauernd, die Lehrkraft in Gespräche über Privates hineinzuziehen. Besonders wenn die Lehrkraft sich anderen Kindern widmet, wirkt er geradezu eifersüchtig und versucht, die Aufmerksamkeit auf sich zu ziehen. Dafür sind ihm auch Mittel recht, die nicht regelkonform sind und für die Thomas Strafe in Kauf nehmen muss.

Erzieherische Überlegungen

Schüler, die sich wie Thomas verhalten, sind typisch für Kinder mit einer sogenannten unsicher-ambivalenten Bindung.

unsicher-ambivalente Bindung

Sie haben oft in früher Kindheit die Erfahrung gemacht, nicht zu wissen, ob man sich auf wichtige Bezugspersonen verlassen kann oder nicht. Dies bedeutet nicht, dass Thomas aus einem Elternhaus kommt, in dem er vernachlässigt oder misshandelt wurde. Er könnte aber aus einer Familie stammen, in der es viele Kinder und wenig Zeit für diese gibt. Oder aber: Seine Mutter oder sein Vater könnten psychisch belastet oder erkrankt sein, beispielsweise an einer Depression, so dass Thomas früh die Erfahrung machen musste, dass sich Erwachsene manchmal sehr gut, manchmal überhaupt nicht um ihn gekümmert haben. Oder aber: Thomas könnte aus einem Elternhaus stammen, in dem es sehr viele Partnerwechsel mit sehr unterschiedlichen erzieherischen Vorstellungen gibt.

verlässliche Erwachsene?

Wie auch immer: Thomas weiß also nicht, ob er sich auf Erwachsene verlassen kann und testet alle Beziehungen zu Erwachsenen in seinem Umfeld permanent aus. Er kann mit seiner Arbeit nicht beginnen, weil er über die für ihn notwendige Klärung, ob das Verhältnis zur Lehrkraft ein verlässliches ist, nicht hinauskommt. Die anderen Kinder in der Klasse „stören“ ihn eher nur, denn diese halten ihn davon ab, die Lehrkraft alleine für sich zu haben.

Strafe in Kauf nehmen

Sind die frühen Bindungserfahrungen in dieser Hinsicht extrem, so kann sich das Verhalten von Kindern wie Thomas deutlich steigern. Sie sind nicht nur „bereit“, Strafen in Kauf zu nehmen, um den Beziehungstest zur Lehrkraft am Laufen zu halten, sondern können auch aggressiv und übergriffig werden, wenn ihrem Bedürfnis nach Sicherheit und Verlässlichkeit nicht ausreichend entsprochen wird. Dies kann so weit gehen, dass Kinder aus der Schule wegrennen, nur um zu sehen, ob jemand hinter ihnen her kommt und sich sorgt. Aggressive Verhaltensweisen, die in einem solchen Verhaltens- und Erlebenszusammenhang gezeigt werden, dienen meist „nur“ dazu, bestätigt zu bekommen: „Ich hab’s gewusst, auf die Lehrkraft kann ich mich auch nicht verlassen!“ Sie dienen aber auch dazu, den Ärger über die frühe Unzuverlässigkeit von wichtigen Bezugspersonen zum Ausdruck zu bringen, d. h., die eigene existenzielle Enttäuschung wird auf die Lehrkraft projiziert.

Unterrichtliche Überlegungen

Die unterrichtliche Arbeit mit Kindern, die wie Thomas unsicher-ambivalent gebunden sind, ist sehr schwierig, weil es nicht einfach ist, sich wieder und wieder den Kommunikationsversuchen solcher Schüler zu entziehen. Wenn diese die Aufmerksamkeit einfordern, indem sie andere Schüler ablenken oder zu noch drastischeren Verhaltensweisen greifen, wird die Lehrkraft unweigerlich in die Ecke der nur noch Reagierenden „abgedrängt“.

Lehrkraft als Akteur

Es gilt daher, einen Unterricht zu gestalten, der die Lehrkraft in die Rolle des Akteurs versetzt. Kinder wie Thomas haben zumeist Schwierigkeiten mit dem selbstständigen Lösen von Aufgaben und können sich nicht länger auf eine Aufgabe konzentrieren, weil sie Angst haben, die Aufmerksamkeit der Lehrkraft zu verlieren. Nicht zuletzt deshalb liegen ihre schulischen Leistungen auch zumeist im unteren Bereich, ohne dass sie minderbegabt sein müssen. Zumeist weisen sie ein sehr gutes mündliches Sprachvermögen auf, weil sie geübt sind, die Kommunikation mit Erwachsenen am Laufen zu halten. Mit ihren schriftlichen Leistungen sieht es oft deutlich schlechter aus – insbesondere in Mathematik, wenn eine Operation mehrere Schritte benötigt, auf die man sich konzentrieren müsste.

- Bevor dem Bindungsverhalten positiv entgegengewirkt werden kann, gilt es, mit Kindern wie Thomas grundsätzlich in eine positive Arbeitsbeziehung jenseits einer Abhängigkeit zu finden. Dabei helfen vor allem differenzierte Aufgaben, die in kleine Schritte zerlegt sind. Zerschneiden Sie daher Arbeitsblätter, Hefte und Kopien.

- Besonders hilfreich ist es, wenn kleine Aufgaben Abschnitte einer größeren Aufgabe darstellen, die später zusammengesetzt werden. So lässt sich die Erfahrung machen, dass zwei eigenständige, nicht voneinander abhängige Personen dennoch an einer gemeinsamen Aufgabe arbeiten können.
- Binden Sie die Bearbeitung dieser kleinen Aufgaben an das Versprechen der Kontrolle oder Zuwendung, wenn sie gelöst sind. Zu Beginn wird dies nach wenigen Sekunden oder Minuten der Fall sein müssen. Zeigen Sie sich hier verlässlich und wenden sich kontinuierlich nach jeder gelösten Aufgabe, wie versprochen, dem Schüler wieder zu. Dann wird es im Laufe der Zeit möglich werden, das Arbeitspensum zu vergrößern.
- Gestalten Sie bewusst Zeiten, in denen Sie mit Ihren Schülern Brettspiele spielen. Viele dieser Spiele verlangen und ermöglichen die Trennung von Identitäten. So könnten Schüler, die eher aggressiv agieren, eine regulierte Möglichkeit erhalten, sich von ihrem Ärger gegenüber „unzuverlässigen" Erwachsenen zu entlasten.
- Für Schüler wie Thomas ist Einzelarbeit die am meisten gefürchtete Unterrichtsform. Sie können dieser Angst begegnen, indem Sie bewusst mit einer Uhr arbeiten, die Überblick über die Arbeitszeit verschafft und so eine zeitliche Verlässlichkeit herstellt. Gleiches gilt für einen Tagesplan an der Tafel, der nicht nur zu Beginn des Tages vorgestellt wird, sondern an dem beispielsweise ein Pfeil nach unten wandert, um immer wieder zu zeigen, was schon geschafft ist und was noch bevorsteht.
- Binden Sie in Fächern wie Deutsch, Sachunterricht, Religion und Ethik oder aber in Morgenkreise spezielle Geschichten ein, in denen es um Trennung, Identität und Unabhängigkeit geht. Das fördert die Auseinandersetzung betroffener Schüler mit sich und ihrer Abhängigkeit von Erwachsenen.

- Wer Kinder wie Thomas nacharbeiten lässt, was sie an Zeit und Stoff im Unterricht durch Diskussionen und Versuche, die Aufmerksamkeit der Lehrkraft an sich zu binden, verpasst haben, läuft große Gefahr, das Bindungsmuster zu bestätigen, statt diesem pädagogisch eine andere Erwachsenenerfahrung entgegen zu setzen. Für solche Kinder gibt es ja nichts Schöneres, als sehr viel Zeit mit der Lehrkraft alleine zu verbringen.

– Vermeiden Sie es auch, Kinder wie Thomas nahe an Ihr Pult zu setzen. Gerade weil sie für ihr Sicherheitsempfinden sehr viel Aufmerksamkeit einfordern (müssen), ist ein solcher Platz eher kontraproduktiv und „verführt" zur weiteren und ständigen Kontaktaufnahme. Konflikte werden dadurch nicht kleiner, sondern eher größer.

Schüler, die andere manipulieren

André scheint bei seinen Mitschülern sehr beliebt zu sein. Er zählt zu den Anführern in der Klasse. Es fällt auf, dass einzelne Kinder in seinem Umfeld immer wieder in heftige, teils körperliche Auseinandersetzungen verwickelt sind. André selbst ist nie direkt beteiligt. Es scheint ihm jedoch geradezu Freude zu bereiten, seine Mitschüler im Streit zu sehen und zu erleben, wie sie von der Lehrkraft ermahnt oder bestraft werden. In Konfliktklärungsgesprächen fällt immer wieder Andrés Name. Wird André zu solchen Gesprächen hinzugezogen, wird er ausfallend, aggressiv und ist beleidigt, denn er habe mit alledem nichts zu tun.

Erzieherische Überlegungen

André steht beispielhaft für Schüler, die andere Kinder manipulieren und daraus einen persönlichen „Gewinn" für sich ziehen. Im hier geschilderten Fall geht es dabei um drei Ebenen, die aber nicht immer miteinander auftreten oder zusammenhängen müssen: zum einen die Manipulationsversuche, zum zweiten die empfundene Freude und zum dritten aggressive oder beleidigte Reaktionen in Konfliktklärungsgesprächen.

manipulative Schüler

Der Umgang mit manipulativen Schülern ist besonders schwierig, denn man kann ihnen einerseits oft nichts nachweisen, obwohl man genau weiß, dass etwas stattgefunden hat oder im Hintergrund abgelaufen ist. Andererseits erzeugen solche Schüler durch ihr Verhalten oft Antipathien bei Lehrkräften, die es ihnen erschweren, mit Schülern wie André offen und zugewandt zu arbeiten. Gerade manipulatives, hinterlistiges, heimliches oder „linkes" Verhalten erzeugt oft mehr innere Gegenwehr als eine direkte Beleidigung oder ein lauter, aber direkt ausgetragener Streit.

Die Manipulation liegt nun darin verborgen, dass sich Schüler, die wesentlich auf Anerkennung, Teilhabe und Gemeinschaft angewiesen sind, von Schülern wie André beeindrucken lassen. Solche Schüler wirken in der

Klasse oft stark und selbstbewusst, können durchaus eloquent sein und scharen weniger selbstbewusste Schüler um sich. Doch manipulative Schüler erscheinen meist nur selbstbewusst, sind es aber nicht, sondern überaus darauf angewiesen, selbst Stärke und Macht zu erleben.

Stärke erleben

Oft kommen sie aus lebensgeschichtlichen Zusammenhängen, die es ihnen nicht ermöglichen, sich als stark, mächtig und „groß" zu erleben. Sei es, dass die familiären Strukturen dies verhindern, sei es dass sie Gewalterfahrungen ausgesetzt sind, sei es dass sie aus „schwachen", sozial benachteiligten Verhältnissen stammen. Sie erleben sich zumeist durch andere und ihr Lebensumfeld unterdrückt, nicht aber ermächtigt oder selbstwirksam. Als Anführer in der Klassengemeinschaft andere Kinder um sich zu sammeln und über sie zu bestimmen, zu verfügen und sie auch gegeneinander auszuspielen, bedeutet für Schüler wie André, ein existenziell notwendiges Gefühl von Überlegenheit und Stärke erfahren zu können. Ist dieses Bedürfnis besonders ausgeprägt, so ist die Freude über „gelungene" Manipulationen besonders groß, denn dabei ist der Machtgewinn der scheinbar größte. Schüler wie Andrè ziehen also ihr Selbstwirksamkeitserleben aus dem Unglück anderer Kinder. Stehen diese sehr unter dem Einfluss eines solchen Schülers und ist ihr Bedürfnis nach Zugehörigkeit und Anerkennung besonders ausgeprägt, werden sie, obwohl sie wissen oder spüren, dass sie manipuliert wurden, ihren Anführer im Falle der Konfliktklärung möglicherweise sogar verteidigen, statt sich über ihn zu beschweren.

schwierige Konfliktlösungen

Dass sich Kinder wie André gegen ihre Einbeziehung in Konfliktklärungsgespräche wehren, aggressiv reagieren oder beleidigt sind, ist subjektiv gesehen nur logisch: In solchen Gesprächen wird nicht nur das Vorgehen, das zum Machterleben geführt hat, aufgedeckt, sondern es besteht auch die Gefahr, in Zukunft so nicht mehr agieren zu können und damit einen Verlust von Stärke und Einfluss hinnehmen zu müssen.

Unterrichtliche Überlegungen

Wie bei vielen Kindern mit Verhaltensauffälligkeiten geht es auch bei Schülern, die andere manipulieren, zumeist um tief sitzende Ohnmachtsgefühle, erlebte Erniedrigungen, Beschämungen oder Demütigungen, die dazu führen, dass sie ein Mindestmaß an Selbstwirksamkeitserleben, Machterleben und Stärke aus der Art und Weise gewinnen, wie sie sich verhalten

Selbstwirksamkeitserleben

Einmal mehr benötigt es daher einen Unterricht, der Kinder wie André erleben lässt, dass sie als Schüler stark sind und es daher nicht „nötig haben", andere zu manipulieren.

Präsenz und Verlässlichkeit

Hilfreich erscheinen für die hier geschilderte Situation zwei unterrichtliche Aspekte: Zum einen gilt es, als Lehrkraft eine Lehrerpersönlichkeit an den Tag zu legen, die in hohem Maße Präsenz ausstrahlt, an deren Klarheit und Struktur sich die Schüler orientieren und ausrichten können. Verlässlichkeit, Transparenz, Glaubwürdigkeit und eine klare, eher parataktische Sprache sind dafür wesentliche Momente, ohne in ein militant wirkendes Verhalten zu verfallen. Es geht vielmehr um eine sachbezogene, liebevolle, aber auch distanzierte Haltung, die Schülern wie André zum einen deutlich macht: „Ich bin für Dich da und Du kannst Dich an mir orientieren!". Zum anderen signalisiert eine solche Haltung aber auch: „Ich weiß, wie Du vorgehst, auch wenn ich Dir nichts nachweisen kann. Ich bin mit manipulativem Verhalten nicht einverstanden!"

Rhythmisierung

Der zweite unterrichtliche Aspekt bezieht sich auf die Rhythmisierung von Unterricht: Präsenz im zuvor beschriebenen Sinne führt zu frontalen Phasen, in denen die Lehrkraft selbst die wichtigste Methode ist. Solche Phasen müssen bewusst eingesetzt und in inhaltlich-stofflicher Passung geplant werden. Aus der Anspannung, die dies gerade für Schüler wie André bedeutet, müssen sie auch wieder entlassen werden, um sich selbst als wirksam und stark erleben zu können. Daher empfiehlt es sich, bewusst gestaltete, kurze frontale Phasen mit Formen offenen Unterrichts zu kombinieren, so dass eigene Entscheidungen getroffen und Verantwortung übernommen werden können, ohne durch diese „Zu-mutung" überfordert zu werden.

- Schüler wie André argumentieren meist in zwei Schritten: Zunächst streiten sie jede Beteiligung oder Verantwortung ab. Sind Sie hartnäckig, so werden sie im zweiten Schritt damit argumentieren, dass Sie ihnen nichts nachweisen können und zudem aggressiver oder ausfallender werden. Bitte bedenken Sie: Sie sind Lehrkraft und nicht Staatsanwalt. Sie müssen Schülern nichts nachweisen können. Wenn Sie wirklich sicher sind, dass ein Schüler beteiligt, vielleicht sogar hauptverantwortlich war, dann lassen Sie sich nicht beeindrucken, sondern bleiben Sie bei Ihrer Position und handeln Sie entsprechend. Bleiben Sie dennoch vorsichtig, pauschal Schuldzuweisungen zu machen und Strafen auszusprechen. Manchmal genügt es, dem Schüler zu signalisieren, dass man weiß, dass er beteiligt war und dass es einen überhaupt nicht interessiert, ob man das nachweisen kann oder nicht.
- Manipulatives, zu bestimmten Handlungen anstiftendes Verhalten entfaltet sich meist außerhalb des Unterrichts und wird dort auch „geplant". Wollen Sie solche Verhaltensweisen dauerhaft eindämmen, müssen Sie darauf achten, eine hohe Struktur in außerunterrichtlichen

Zeiten, wie beispielsweise dem morgendlichen Ankommen, der Pause oder dem Umziehen beim Sportunterricht zu etablieren. Dies wird vor allem über eine verstärkte Präsenz von Lehrkräften Erfolge zeitigen.

- Arbeiten Sie an Ihrer Präsenz, indem Sie überlegen, wie und wo Sie sich im Klassenzimmer positionieren: Stellen Sie sich hin, bleiben Sie nicht hinter Ihrem Pult, bauen Sie an wichtigen Stellen im Unterrichtsverlauf bewusst Körperspannung auf, seien Sie wie eine Achse, an der sich die Schüler nicht nur aus-, sondern auch aufrichten können.

- Schüler wie André erzeugen durch ihr Verhalten oft Antipathien bei Lehrkräften. Versuchen Sie immer wieder zu reflektieren, was solche Schüler bei Ihnen auslösen und achten Sie auf einen offenen und fairen Umgang, gerade wenn Sie bisweilen Konsequenzen aussprechen, ohne dem betreffenden Schüler konkret etwas nachweisen zu können.
- Die Gefahr, Schüler wie André zu Unrecht zu verdächtigen oder zu bestrafen, bleibt immer bestehen. Hier helfen nur ständige Reflexion über das eigene Handeln und gegebenenfalls auch ein Revidieren von Entscheidungen. Das beweist dem Schüler Ihre Stärke und zeigt ihm andere Wege der Beziehung und Konfliktlösung auf als die ihm schon bekannten. Gerade so eine Situation kann dann ein guter Anlass zu einem Gespräch mit dem betreffenden Schüler sein, um zu klären, was aus solchen Verhaltensweisen alles entstehen kann.

Schüler, die sich ungerecht behandelt fühlen

Michael beobachtet seine Lehrkräfte und Mitschüler sehr genau. Ständig wittert er Unrecht zu seinen Lasten. Lautstark mischt er sich in Konversationen zwischen anderen Mitschülern ein, weist sie zurecht und beschwert sich bei der Lehrkraft über sie. Die Lehrkraft selbst kann es auch nicht richtigmachen: Wie auch immer sie sich Michael gegenüber verhält, er fühlt sich ungerecht behandelt und beklagt sich auf aggressive Weise darüber. Bisweilen droht er, sich bei Eltern und Schulleitung zu beschweren und dann werde man schon sehen. Zeigt man Michael in Ruhe und transparent auf, wie Entscheidungen gefällt wurden und dass er nicht benachteiligt wurde, nimmt er dies maulend zur Kenntnis und ist dennoch beleidigt.

Erzieherische Überlegungen

Verlusterfahrungen finden sich in den Biografien aller Menschen. Sie sind keine Angelegenheit des Alters, und so müssen auch Kinder während ihres Aufwachsens immer wieder Verlusterfahrungen unterschiedlicher „Qualität" und Intensität machen und diese verarbeiten: Dies können beispielsweise Freundschaften sein, die in die Brüche gehen, der Verlust vertrauter Orte durch einen oder mehrere Umzüge, der Tod von Großeltern, der Verlust von Elternteilen durch Scheidung oder einen tödlichen Unfall u. v. m. Damit einhergehen können infolge Verluste der Selbstkontrolle, des Autonomieerlebens oder der Emotionsregulation.

Umgang mit Verlusten

Im Normalfall lernen Kinder gut, mit solchen Erfahrungen zurechtzukommen. Allerdings kann dies auch misslingen, beispielsweise wenn die Erfahrungen traumatisch sind, sie niemanden an ihrer Seite haben, der ihnen mit der Verarbeitung und Bewältigung hilft oder aber sie auf Eltern(teile) treffen, die selbst mit unverarbeiteten Verlusten leben und deren „Verhältnis" zum Verlust sie auch für sich übernehmen. Wer etwas oder jemanden verliert, fühlt sich nicht selten als Opfer. Bleiben Verlusterfahrungen unbewältigt, wird man auch die Opferrolle nicht mehr los. Ganz im Gegenteil: Man lernt, mit ihr zu leben, richtet sich in ihr ein und empfindet alle anderen Rollenangebote eher als Gefahr, denn als Hilfe oder Ausweg. Die innere Logik, die sich im Laufe der Zeit entfalten kann, lautet: „Ich fühle mich als Opfer nicht wohl, aber ich lebe damit – wer weiß, wie es ist, anders zu leben?"

Opferrolle als Identität

Befürchtet wird also, die Opferrolle zu verlieren und damit einen neuen, weiteren Verlust hinnehmen zu müssen.

Schüler wie Michael verhalten sich nach dieser inneren Logik: Sie haben sich in einer Opferrolle eingerichtet und fühlen sich eigentlich damit nicht wohl. Gleichzeitig befürchten sie weitere Verlusterfahrungen in ihrem Leben. Sie vermuten hinter allem eine Ausweitung ihrer Opferrolle oder eine weitere Verlusterfahrung, beschweren sich daher permanent und fühlen sich dauerhaft ungerecht behandelt. Gleichzeitig dient die „Beschwerde" aber auch als Bestätigungsversuch für die Opferrolle: „Sag mir, dass es richtig ist, das Opfer zu sein, dann trägst Du etwas zu meiner psychischen Stabilität bei!" Die Lehrkraft soll im Grunde einerseits bestätigen, dass es nicht so ist und gleichzeitig bestätigen, dass es so ist.

Weil sich dieser Widerspruch nicht oder nur schwer auflösen lässt, sind Schüler wie Michael letztlich auch mit der angebotenen Transparenz hinsichtlich getroffener Entscheidungen oder einer rationalen Aufklärung einer vermeintlich benachteiligenden Situation nicht oder nur teilweise zufrieden.

Unterrichtliche Überlegungen

Unterricht mit Schülern wie Michael zu gestalten, ist deshalb sehr schwierig, weil die Lehrkraft von ihnen in eine Rolle mit widersprüchlichen Funktionen und Erwartungen gedrängt werden kann. Hinzu kommt die Anstrengung, dass man geneigt ist, ständig gegen das Unrechtsempfinden solcher Schüler „anzuargumentieren".

geduldig bleiben

Für die Lehrerpersönlichkeit geht es im Umgang mit Kindern wie Michael darum, sich nicht aus der Ruhe bringen zu lassen und auch dann geduldig zu bleiben, wenn das Unrechtsempfinden absolut irrational ist. Wird man ungeduldig oder reagiert stark emotional, bestätigt man eher die innere Logik des betreffenden Schülers, als ihr entgegenzuwirken. Darüber hinaus hilft eine klare, auf Argumente und Nachvollziehbarkeit bauende Sprache. Zwar werden Schüler wie Michael ihrer Dynamik „treu" bleiben, aber diese kann sich doch auch bei konsequenter Haltung nach und nach abschwächen.

Vielen Ungerechtigkeitsdiskussionen und Benachteiligungsbeschwerden kann man entgehen, indem man den betreffenden Schüler selbst in die Verantwortung bringt, ohne ihn zu überfordern. Dies ist nicht einfach, denn zumeist handelt es sich um Schüler, die viele Befürchtungen und Ängste aufweisen und die Verantwortung aufgrund ihrer eingenommenen Rolle eher meiden. Sie sind ja das Opfer; Täter, und damit verantwortlich, immer andere.

dosierte Verantwortung

Daher geht es um eine wohl dosierte Verantwortungszumutung. Dazu tragen vor allem viele kleine Wahl- und Entscheidungsmöglichkeiten bei, beispielsweise, welche Aufgabe man bearbeiten möchte, mit welchem Material oder in welcher Gruppe man arbeitet. Auch Aufgaben mit Selbstkontrollmöglichkeiten sind empfehlenswert, ebenso wie überschaubare Stationen- oder Lernthekenarbeit o. Ä.

- Machen Sie Entscheidungen transparent, wann immer es geht. Dies hilft Schülern wie Michael, Ihre Gründe nachzuvollziehen; auch wenn dies nicht sofort dazu führen wird, dass die Beschwerden nachlassen.
- Lassen Sie sich nicht auf lange Diskussionen ein. Haben Sie eine Entscheidung oder Arbeitsanweisung nachvollziehbar erklärt, brauchen Sie nichts weiter zu tun. Gegebenenfalls können Sie Ihre Begründung im gleichen Wortlaut noch einmal wiederholen. Ignorieren Sie dann alle weiteren Versuche des Schülers, Sie zu Diskussionen oder Rechtfertigungsversuchen zu verleiten. Sprechen kann ein großer Konfliktöffner sein – nicht nur bei Schülern wie Michael.

- So wichtig ein zieldifferenter Unterricht für Kinder mit emotional-sozialem Förderbedarf ist, so wichtig ist für Schüler wie Michael, nicht (durchgängig) die Erfahrung zu machen, mit einer bestimmten Aufgabe oder Anforderung der jeweils Einzige zu sein. Denn dies liefert ihnen eine Grundlage, sich zu beschweren, als Einziger diese Aufgabe bewältigen zu müssen.
- Bisweilen regen Schüler wie Michael andere Kinder an, sich ebenfalls zu beschweren. So kann sich schnell eine Dynamik entfalten, in der Sie nur noch am Erklären, Rechtfertigen oder Reagieren sind. Lassen Sie sich darauf nicht ein und bleiben Sie Ihrer Position und Entscheidung treu.

Schüler, die Strafe für sich provozieren

Hendrik kennt die Verhaltensregeln seiner Schule und seiner Klasse sehr gut. Dennoch fällt auf, dass er immer wieder Dinge tut, die davon deutlich abweichen. Ermahnungen und Strafen haben nichts bewirkt – auch nicht im Beisein und Gespräch mit seinen Eltern. Im Gegenteil: im Laufe des Schuljahres scheint sich Hendriks Verhalten zu steigern: Seine Grenzüberschreitungen und Regelverstöße nehmen zu und werden heftiger. Ausgesprochene Strafen lässt er scheinbar unbeeindruckt über sich ergehen.

Erzieherische Überlegungen

Kein Kind fühlt sich wirklich wohl, wenn es betraft wird – auch nicht Kinder, die es „gewohnt" sind, sehr viel bestraft zu werden. Strafen sind, so sie nicht als ausgesprochen sachbezogene Konsequenz erfolgen, meist demütigend, bloßstellend, beschämend oder isolierend. Und dennoch scheint es Kinder wie Hendrik zu geben, die von Strafen völlig unbeeindruckt zu sein und die Bestrafungen sogar richtiggehend zu suchen scheinen.

Aufmerksamkeit durch Negativverhalten

Hendrik steht beispielhaft für Schüler, die lernen mussten, dass sie Aufmerksamkeit und Zuwendung nur dann erhalten, wenn sie negative, unerwünschte oder nicht situationsangemessene Verhaltensweisen zeigen. Ihre biografischen Hintergründe sind aus verschiedensten Gründen so geprägt, dass sie ein normales Maß an positiver Zuwendung, an Lob und Ermutigung nicht erfahren haben oder erfahren konnten, so dass sie viel Energie aufbringen müssen, überhaupt Aufmerksamkeit geschenkt zu bekommen. Aus dieser Prägung heraus, rechnen sie nicht (mehr) damit und erwarten sie nicht (mehr), dass es auch Formen von Aufmerksamkeit und Zuwendung gibt, die sich aus anderen Quellen speisen: Dazu gehört an erster Stelle die Anerkennung um ihrer selbst willen – nach dem Motto: „Es gibt Dich und wir finden es gut und schön, dass es Dich gibt und dass Du da bist, so wie Du bist.“ Erst an zweiter Stelle stehen dann positive Zuwendung und Aufmerksamkeit durch gelingende Momente im Zusammenhang von Schule und Sozialität, von Unterricht und Leistung.

Klassenclown

Kinder, die sich wie Hendrik verhalten, nehmen in Klassen oft die Rolle des Klassenclowns ein. Sind ihre Erfahrungen mit fehlender positiver Zuwendung jedoch massiv, dann kann es auch sein, dass sie bereit sind, Strafen scheinbar unbeeindruckt über sich ergehen zu lassen. Denn das Erleben, die Aufmerksamkeit der Lehrkraft, der Schulleitung oder der Schulsozialarbeit zu bekommen, wiegt stärker als die emotionale Konnotierung der Aufmerksamkeit oder die Folgen, die sich daraus ergeben. Auch negative Aufmerksamkeit ist Zuwendung – und dies meist sogar intensiver und länger als Formen positiver Aufmerksamkeit.

Umgang mit Selbstabwertung

Erzieherisch besteht eine der großen Herausforderungen darin, dem Kind „abzugewöhnen“, Strafen zu provozieren und sich so Aufmerksamkeit und Zuwendung zu sichern. Hinzu kommt: Kinder, die sich wie Hendrik verhalten, lernen quasi nebenher, dass es Aspekte ihrer Persönlichkeit gibt, die abgelehnt werden, was nicht zu Selbstverantwortung, sondern eher zu Selbstabwertung und einem negativen Selbstbild führt. Der Teufelskreislauf beginnt sich besonders dann zu drehen, wenn man als Lehrkraft den Eindruck hat, dass die bisherigen erzieherischen Mittel nicht mehr ausreichen, um Kinder wie Hendrik zu kontrollieren und zu steuern. Die Gefahr ist groß, dass aus diesem Gefühl heraus zu intensiveren Mitteln und Strafen gegriffen wird, die aber letztlich deshalb nichts bewirken, sondern die Situation noch verschlimmern, weil sie den betreffenden Schüler in seinen Erfahrungen verstärken.

Lernen und Verhalten

Denkbar wäre aber für Schüler wie Hendrik auch noch ein anderer Zusammenhang von Lernen und Verhalten: Kinder, die gelernt haben, dass sie Aufmerksamkeit besonders dann erhalten, wenn sie unerwünschtes Verhalten an den Tag legen, lernen oft einen Dreischritt an sozialer Interaktion: erstens auffälliges, unerwünschtes Verhalten, zweitens negative Aufmerksamkeit in Form von Strafen, drittens Versöhnung, Wiedergutmachung, Auflösung des Negativen. Kinder, die wie Hendrik Strafen provozieren oder geradezu selbst suchen, haben für sich möglicherweise erlernt, dass es Versöhnung, Harmonie, Wiedergutmachung und Gutes nur dann geben kann, wenn auch die beiden ersten Schritte erfolgt sind. Sie tendieren dann geradezu zu Strafe, schicken sich selbst in Auszeiten oder verordnen sich ein Strafmaß von sich aus – nur, um am Ende Versöhnung und Wiedergutmachung und damit eine positive Form der Zuwendung erleben zu können.

Beide Varianten zeigen, dass aus erzieherischer Sicht der Einsatz von Strafen für Kinder wie Hendrik eher kontraproduktiv ist und dass damit wenig am Verhalten und seiner Ursache bewirkt wird.

Unterrichtliche Überlegungen

Im Unterrichtsgeschehen kosten Kinder wie Hendrik viel Zeit und Kraft. Nicht nur, dass man ihrer Dynamik entgegenwirken muss, sondern auch der eigenen Dynamik als Lehrkraft muss man begegnen. Es ist nicht einfach, das eigene Verhalten nicht zu steigern und nicht zu verstärken, wenn Schüler wie Hendrik nicht auf einfache Formen von Ermahnung oder Zurechtweisung reagieren. Auch das Wissen um einen möglichen Teufelskreislauf der gegenseitigen Verhaltensverstärkung macht es nicht unbedingt leichter.

zum Gelingen verführen

Die Planung von Unterricht und die Gestaltung von Aufgaben muss daher wesentlich darauf ausgerichtet sein, dass sie Kinder wie Hendrik „zum Gelingen verführen" – sei es durch den Umfang an Aufgaben, durch Differenzierungen, durch Lernarrangements und durch Möglichkeiten, im Kleinen Verantwortung für sich und das eigene Lernen übernehmen zu können. Das Lob des scheinbar Selbstverständlichen ist eine natürliche Folge davon.

Bedenkenswert ist auch der Einsatz von Methoden, die Lehrkräfte in die Position bringen, sich einzelnen Schülern länger zuzuwenden und sie beim Lernen intensiv und individuell zu unterstützen. Wochenplanarbeit, Stationenlernen oder das Arbeiten mit Lernleitern (Kap. 3.3) erscheinen dafür besonders geeignet.

- Positive Zuwendung beginnt in früher Kindheit und ist wesentlich mit dem Ansprechen des Kindes verbunden, dem liebevollen Nennen seines Namens. Hier wird die Grundlage für die grundsätzliche Anerkennung geschaffen. Verzichten Sie daher bei Ermahnungen, Tadel, Zurechtweisung oder Strafe nach Möglichkeit darauf, den Namen des Kindes zu verwenden. Das Kind, das es betrifft, weiß auch so, dass es gemeint ist. Sie verhindern damit, dass Kinder wie Hendrik Emotion, Verhalten und Person falsch verknüpfen. Nicht Hendrik als Person ist böse oder schwierig, sondern sein Verhalten passt nicht zur Situation oder stört beim gemeinsamen Arbeiten.
- Bei allen Bedenken, die man Tokensystemen und Verstärkerplänen gegenüber haben kann, wenn sie auf Kinder ohne Bedürfnisaufschub

und mit niedriger Frustrationstoleranz treffen, so können sie doch Schüler wie Hendrik möglicherweise gut unterstützen. Schaffen Sie daher kleine Anreize und Ziele, die schnell erreicht werden können und verstärken Sie diese nicht materiell, sondern sozial: durch Zeiten der Zuwendung und Aufmerksamkeit, beispielsweise ein gemeinsames Brettspiel, gemeinsames Kuchenbacken in der Schulküche oder gemeinsam verbrachte Pausen. Das kostet zunächst Zeit, lässt Sie letztlich aber Zeit für mehr Unterricht und weniger Konflikte gewinnen und verhilft Kindern wie Hendrik nach und nach zu einem anderen Verhältnis, was Aufmerksamkeit und Zuwendung betrifft – ganz im Sinne des Filmemachers Reinhard Kahl (2011): Zeit verlieren, heißt Zeit gewinnen.

Weitere Informationen zum Lernen mit Lernleitern sind unter https://de.wikipedia.org/wiki/Lernleitern zu finden.

- Verzichten Sie grundsätzlich, aber hier im Besonderen auf Strafen wie den „Stillen Stuhl“ o.Ä. Sie wirken wie moderne Pranger und führen zur Isolierung von Kindern. Schüler bekommen so keine Gelegenheit, soziale Verantwortung zu übernehmen, und Lehrkräfte keine Gelegenheit, an den Ursachen des Verhaltens gemeinsam mit den Kindern zu arbeiten.
- Seien Sie besonders wachsam und sensibel, wenn Kinder sich selbst Strafen verordnen, und verwechseln Sie dies nicht mit der Selbstverantwortung und Einsichtsfähigkeit von Kindern. Sich selbst zu bestrafen, ist eine Form der Selbstverletzung und führt nicht zu Verantwortung, sondern Selbstabwertung.
- Arbeiten Sie keinesfalls mit Response-Cost-Verfahren, bei denen Schüler zu Beginn des Tages mit beispielsweise drei Smileys ausgestattet werden und die ihnen bei unerwünschtem Verhalten nach und nach weggenommen werden. Dies führt bei Kindern wie Hendrik zu Verstärkung ihrer Problematik und keinesfalls zur Auflösung der erlernten Verhaltensweisen.

Schüler, die andere bestehlen

Michelle fällt in ihrer Klasse auf, weil sie andere Kinder und die Lehrkraft immer wieder bestiehlt. Dabei nimmt sie sich nicht nur Sachen, die ihr nicht gehören, aber gefallen, sondern auch scheinbar völlig nutzlose, unattraktive Gegenstände. Sie scheint der Versuchung des Diebstahls nicht widerstehen zu können. Bei Feiern und anderen Anlässen, bei denen Kinder miteinander essen, fällt auf, dass sie sehr darauf bedacht ist, möglichst als Erste etwas zu bekommen und Essen nachzufassen, obwohl sie noch kaut oder längst satt ist. Bisweilen muss sie sich daher sogar übergeben.

Erzieherische Überlegungen

Auch wenn es nicht so sein sollte, so ist Diebstahl in der Schule doch ein recht „normaler" Vorgang, weil er tagtäglich vorkommt, ohne dass damit ein besonders auffälliges Verhalten verbunden wäre. Bei Schülern wie Michelle scheint es sich jedoch anders zu verhalten: Sie stehlen auch Dinge, die völlig unattraktiv sind – scheinbar nur um des Stehlens willen. Im hier geschilderten Beispiel kommt noch ein Essverhalten dazu, das mit dem Stehlen auf den ersten Blick überhaupt nichts zu tun hat.

ausbleibende Fürsorge

Kinder wie Michelle haben in früher Kindheit oft einschneidende und ihr weiteres Leben prägende Erfahrungen gemacht, in denen es um die ausbleibende (Für-)Sorge wichtiger Bezugspersonen geht. Sehr kurz formuliert lautet ein ihnen auferlegtes Lebensmotto: „Wenn niemand für mich sorgt, dann muss ich für mich selbst sorgen!" Dabei kann das Ausbleiben von Sorge sehr unterschiedliche Formen annehmen: Es kann konkret sein und bedeuten, dass Kinder nicht ausreichend ernährt wurden oder werden, aber auch im übertragenen Sinne gelten und bedeuten, nicht genügend „Nahrung" in Form von Zuwendung, Liebe oder entwicklungsfördernden Anregungen zu erfahren. Aus diesen Erfahrungen heraus wird deutlich, wie das Stehlen von scheinbar unnützen Dingen und das egoistisch wirkende, hamsternde Essverhalten zusammenhängen.

Selbstsorge

Beide Verhaltensweisen sind Ausdruck existenzieller Selbstsorge, die von verschiedenen Motiven geleitet werden: Das Kind befürchtet, in konkrete Nöte kommen zu können, also sorgt es für sich, auch wenn es den Gegenstand nicht benötigt oder satt ist. Ein zweites Motiv dreht sich um den (meist vergeblichen) Versuch, die fehlende „Lebensnahrung" zu kompensieren und führt so zu Verhaltensweisen, wie im Beispiel beschrieben. Das Essen in dieser Form ist nötig, weil das Leben nicht satt macht.

erzieherisches Dilemma

Erzieherisch sind diese Situationen nicht unproblematisch in der Bewältigung. Auf der einen Seite stellt das Stehlen eine moralische Grenzüberschreitung dar, bei der Normen verletzt werden, worauf reagiert werden muss. Zum anderen ist man mit einer existenziellen Not konfrontiert, für die das Kind ein subjektiv sinnvolles Anpassungsverhalten entwickelt hat, das man ihm nicht ersatzlos „wegnehmen" kann. Bestraft man das Kind also für den Diebstahl, so „beantwortet" man zwar die Normverletzung, schafft aber auf der anderen Seite ein neues moralisches Problem, weil man das Kind für seine existenzielle Notwendigkeit der Selbstsorge bestraft.

Unterrichtliche Überlegungen

Unterrichtlich lässt sich dem hier beschriebenen Beispiel nicht viel entgegensetzen. Zumeist treten solche Verhaltensweisen eher in der Peripherie des Unterrichtsgeschehens auf und stören dieses nur dann, wenn ein Diebstahl aufzuklären ist oder Streit beim gemeinsamen Essen entsteht. Dennoch ist die Zeit des Unterrichts die Hauptzeit, in der Lehrkräfte erzieherisch wirken können – auch für und mit Schülern wie Michelle.

Selbstsorge durch Verantwortungsübernahme

Bedenkt man dabei das Grundthema der Selbstsorge, so bietet sich auch methodisch ein Ansatzpunkt, wie mit Michelles Verhalten umgegangen werden kann. Je stärker Unterrichtsmethoden der Möglichkeit der Selbstsorge in Form von Selbstkontrolle, von Ermächtigung durch eigene Entscheidungsmöglichkeiten oder von Verantwortungsübernahme Rechnung tragen, umso mehr könnte das Bedürfnis der Selbstsorge gestillt werden. Der Lebenshunger, den Kinder wie Michelle verspüren, und der nicht gestillt wurde, kann möglicherweise befriedigt werden, wenn Kinder im Unterricht nicht mit Wissen und Belehrung „gefüttert" werden, sondern sich durch arrangierte Lernumgebungen selbst „ernähren" können.

- Überlegen Sie, an welchen Stellen Ihres Unterrichts Sie Methoden verwenden können, die auf gelingende Selbstsorge ausgerichtet sind. Besonders offene Unterrichtsformen eignen sich hierfür ausgezeichnet, weil sie Kinder in abgesicherten Strukturen ermächtigen.
- Arbeiten Sie in Deutsch, Religion oder Ethik mit Dilemmageschichten, mit Geschichten von Hunger und Sättigung, von Recht und Unrecht. Fordern Sie Kinder dazu heraus, zu erkennen, dass Normverletzung nicht gleich Normverletzung ist.
- Ist das Essverhalten eines Kindes wie Michelle besonders extrem ausgeprägt, empfiehlt es sich, immer etwas zu essen und zu trinken im Klassenzimmer zur Verfügung zu haben, an dem sich Kinder jederzeit und ohne Nachfrage bedienen können. Dafür bieten sich vor allem Tee, aber auch Nüsse oder Obst etc. an.
- Bei Diebstahlen wurden Normen verletzt, was die Schule nicht hinnehmen darf und soll, auch wenn man um die Motive des Diebstahls weiß. Zudem erwartet nicht nur das geschädigte Kind, sondern zumeist die

ganze Klasse eine moralische Antwort seitens der Lehrkraft. Es geht nicht primär um Strafe, sondern um Wiedergutmachung.

- Essen ist eines der stärksten Symbole, mit denen Menschen innere Erlebenszustände und Konflikte zum Ausdruck bringen können, die Zahl der Essstörungen daher hoch und variantenreich. Setzen Sie sich mit der Symbolkraft des Essens und Trinkens auseinander.
- Bruno Bettelheim hat sich in seiner Arbeit mit Kindern und Jugendlichen mit massiven Verhaltensauffälligkeiten im Besonderen auch dem Essen gewidmet. Vertiefen Sie Ihr Verständnis und lesen Sie in „Liebe allein genügt nicht" (2007) das Kapitel über das Essen.

- Lehrkräfte haben bei aller individuellen Verschiedenheit im Großen und Ganzen ähnliche Bildungsbiografien und entstammen zumeist der bürgerlichen Mittelschicht. Davon sind auch ihre Norm- und Wertvorstellungen geprägt. Schnell reagiert man daher auf Normverletzungen mit moralisierenden Äußerungen und entsprechenden Sanktionen, ist entsetzt oder enttäuscht. Im Wissen um die Notwendigkeit des Stehlens gilt es immer wieder aufs Neue, sich eigener Wertvorstellungen bewusst zu werden und sich darüber klar zu werden, dass sich das Leben mancher Kinder völlig anders ereignet, als es die eigene Kindheit war. Normverletzung kann auch eine Anpassungsleistung sein, möglicherweise die einzige, die einem Kind zur Verfügung steht.
- Überlegen Sie daher gut, wie Sie mit Normverletzungen umgehen und ob diese bestraft werden sollten oder nicht. Bedenken Sie dabei auch, dass aus Strafe schnell Beschämung werden kann, die die Not des Kindes vergrößert statt zu verkleinern und das eigentliche Problem überhaupt nicht löst. Für viele Kinder wie Michelle ist Wiedergutmachung Herausforderung genug.

4.2 Situationen der Verweigerung

Schüler, die Arbeitsaufträge verweigern

Alessandro verhält sich oft sehr laut und aufbrausend. Arbeitsaufträge durch seine Lehrkräfte verweigert er zumeist. Dabei wehrt er sich lautstark gegen das, was er tun soll und beleidigt immer wieder auch die

Lehrkraft. Muss er nacharbeiten, so schimpft er lange vor sich hin, schreit, weint, wirft Schulmöbel um und versucht wegzulaufen. Es bedarf großen Aufwands, dass er seine Arbeit erledigt.

Erzieherische Überlegungen

Schüler wie Alessandro fallen besonders durch ihr lautes und „intensives" Verhalten auf. Sie verstricken sich derart in Emotionen wie Aggression und Wut, möglicherweise aber auch Trauer, dass sie kaum mehr aus Situationen herausfinden, in die sie sich hineinmanövriert haben.

vielfältige Gründe

Die Gründe für solche Verhaltensweisen können sehr vielfältig sein: Möglicherweise haben diese Kinder gelernt, sich mit einem solchen Verhalten zuhause gegen Anforderungen erfolgreich zur Wehr zu setzen – nach dem Motto: „Bin ich laut und aufbrausend genug, dann muss ich nichts tun, bekomme was ich will und werde im wahrsten Wortsinn in Ruhe gelassen." Aber auch schulische Über- und Unterforderung konnten verantwortlich fur ein solches Verhalten sein. Im Falle einer Überforderung würde diese durch lautes Verhalten überlagert werden. Alle Aufmerksamkeit richtet sich dann auf die Vehemenz des Verhaltens, nicht aber auf die Auslöser. Emotionen wie Angst und Trauer, etwas nicht schaffen zu können oder gescheitert zu sein, können auch durch lautes, impulsives Verhalten zum Ausdruck gebracht werden. Im Falle einer Unterforderung könnte auch Langeweile dazu beitragen, solche Verhaltensweisen mitzuerzeugen.

Denkbar wäre aber auch, dass ein Schüler wie Alessandro ein unsicher-vermeidend desorganisiert gebundenes Kind ist, Erwachsene in früher Kindheit als nicht zuverlässig erlebt hat und daher lernen musste: Sicherheit geht nur von einem selbst aus; man muss das Leben selbst kontrollieren, Erwachsene gefährden die eigene Sicherheit. In diesem Fall verspürt Alessandro eine innere Notwendigkeit, alle Anweisungen und Arbeitsaufträge, die von Erwachsenen kommen, abzulehnen.

sachbezogene Botschaften

Nur im ersten Fall geht es um eine „klassische" Erziehungssituation, in der ein Kind wie Alessandro nicht gelernt hat, Grenzen zu akzeptieren, die gesetzt werden, und gleichzeitig nicht erfahren hat, was es bedeutet, wenn Erwachsene den gesetzten Grenzen treu bleiben. Für diesen Fall gilt es, in besonderem Maße glaubwürdig zu bleiben, weshalb sich die Lehrkraft sehr gut überlegen muss, was sie „Alessandro" entgegensetzen will und kann und welche Konsequenzen sie ausspricht. Soll sich für den betreffenden Schüler, aber auch die gesamte Situation in der Klasse etwas verändern, braucht es daher besonders unemotionale, sachbezogene Botschaften, die durchgehalten werden müssen. Sätze wie „Antwort bekommst Du an Deinem Platz." oder

„Pause machen kannst Du, wenn Deine Arbeit erledigt ist." stehen exemplarisch für einen solchen Stil. Sie setzen nicht nur der Emotionalität eines solchen Schülers etwas entgegen, sondern verhelfen zudem der Lehrkraft, sich nicht in einen Strudel der Emotionen mithineinziehen zu lassen. Im Falle des geschilderten Beispiels hieße dies, einen solchen Satz gegebenenfalls zu wiederholen, sich jedoch auf keine weiteren Diskussionen einzulassen.

Unterrichtliche Überlegungen

Geht es eher um Situationen der Über- oder Unterforderung, ist damit für Schüler wie Alessandro schnell das Gefühl der Ohnmacht verbunden: im ersten Fall, weil man die gestellten Anforderungen nicht zu erfüllen vermag; im zweiten Fall, weil man sich selbst als nicht herausgefordert erlebt.

aus der Verweigerung führen

Führen diese Situationen zu Verweigerungen, wie im hier geschilderten Beispiel, geht es demnach darum, den Schüler zu ermächtigen und aus seiner Verweigerung herauszuführen. Dies kann gelingen, wenn die Lehrkraft mehrere Aufgaben vorbereitet hat, aus denen der Schüler im Falle der Verweigerung auswählen kann. Man signalisiert als Lehrkraft in aller Ruhe, dass man verstanden hat, dass die gestellte Aufgabe zu viel oder zu wenig Anspruch habe, zu mühsam oder nicht interessant genug sei und präsentiert eine zweite Aufgabe als Angebot. Das Auflösen der Verweigerung gelingt nun darüber, dass man dem betreffenden Schüler ein oder zwei Minuten Zeit einräumt, sich für die eine oder andere Aufgabe zu entscheiden und ihn damit alleine lässt. Dies eröffnet dem Schüler die Möglichkeit, eigenmächtig aus der eingenommenen Verweigerung herauszutreten und auch „sein Gesicht" vor der Klassengemeinschaft „nicht zu verlieren".

Entscheidungsräume

Im Großteil der Fälle wird der Schüler von sich aus, noch vor Ablauf der in Aussicht gestellten Entscheidungszeit mit der ihm eigentlich gestellten Aufgabe beginnen. Im kleineren Teil der Fälle wird sich der Schüler für die Alternativaufgabe entscheiden, und nur in einem ganz geringen Ausmaß wird die Verweigerungshaltung bestehen bleiben. Auch für Schüler, die, wie zuvor überlegt, unsicher-vermeidend desorganisiert gebunden sind, ist diese Methode hilfreich, da der Schüler (wieder) Kontrolle über seine Entscheidungen erlangt.

- Sachbezogene, wertfreie Sätze zu formulieren, ist nicht immer einfach – schon gar nicht, wenn die Situation emotional aufgeladen ist. Schreiben Sie sich relevante Sätze daher auf und üben Sie diese ein.
- Wenn Sie ankündigen, dass Pause erst gemacht werden könne, wenn die Arbeit erledigt sei oder man erst nach Hause gehen könne, wenn

das Pensum bewältigt sei, dann können auch Sie nicht Pause machen oder nach Hause gehen. Verlagern Sie die von Ihnen ausgesprochene Konsequenz nicht auf andere Lehrkräfte oder Zeiten. Was Sie ausgesprochen haben, gilt, denn Sie haben den Konflikt mit dem Schüler und niemand anderes in dieser Situation. Daher müssen Sie damit rechnen, dass Sie länger in der Schule bleiben müssen, keine Pausen haben etc. Da ein Verhalten wie das von Alessandro nicht von heute auf morgen auftritt und sich zudem wiederholt, können Sie sich darauf vorbereiten und einstellen. Gegebenenfalls müssen Sie die Eltern darüber informieren und sie einbinden. Auch ist sicherzustellen, dass Kinder dazukommen zu essen und zu trinken sowie ihre Heimfahrt auch später antreten können, sollten sie lange in der Schule bleiben müssen. Sie müssen jedoch nicht befürchten, täglich bis abends anwesend zu sein. Ein von Ihnen ruhig durchgehaltener Nachmittag, an dem Sie sachlich bleiben, Ihren Satz wiederholen und sich nicht von der Bandbreite des gezeigten Verhaltens beeindrucken lassen, kann „Wunder" bewirken und sehr nachhaltig sein.

- Wenn Sie mit der Methode der Alternativaufgaben und Entscheidungsräume arbeiten, ist es wichtig, dass Ihre Alternative auch eine wirkliche Variante darstellt. Natürlich geht es auch darum, der möglichen Über- oder Unterforderung zu begegnen. Dies ist aber eine grundsätzliche Aufgabe, der alle Anforderungen unterworfen werden und das Niveau angepasst werden muss. Haben Sie keine gleichwertige Alternative parat, spüren Kinder wie Alessandro dies sofort. Damit ist auch die „echte" Entscheidungsmöglichkeit nicht gegeben und ein schwieriges Verhalten verstärkt sich eher, weil sich das betreffende Kind nicht ernst genommen fühlt.

- Schüler wie Alessandro wirken in ihrer Lautstärke und Vehemenz oft erschreckend. Sie haben möglicherweise gelernt, dass sie eine Intensivierung der Mittel ihrem Ziel näher bringt, und auch deshalb schreien sie, werfen Möbel um etc. Lassen Sie sich nicht beeindrucken, so schwer dies auch sein mag. Erreichen Sie den Schüler auf der Sachebene nicht, weil er zu sehr in seinen Emotionen verstrickt ist, so formulieren Sie zumindest Ihre Position und das, was Ihnen wichtig ist, z. B.: „Ich möchte hier in Ruhe arbeiten."
- Wenn Sie mit der Methode der Alternativaufgaben und Entscheidungsräume arbeiten, kann es passieren, dass andere Schüler auch Alternativen „einklagen" oder sich beschweren, weshalb sie kein Angebot erhalten. Seien Sie darauf gerade zu Beginn einer solchen Arbeit mit mehreren

Alternativen vorbereitet und gehen Sie gelassen mit solchen Anfragen um. Nach einiger Zeit wird die Möglichkeit der Alternative ihren Reiz verlieren, wenn die Schüler merken, dass man genauso eine Arbeit erledigen muss und keinen direkten Vorteil aus der Wahlmöglichkeit ziehen kann.

Schüler, die den Raum nicht verlassen

Leon stört oft andere Kinder und lenkt diese von ihrer Arbeit ab. In Gesprächen zeigt er sich nicht einsichtig und Ermahnungen haben wenig Wirkung. Schnell schaukeln sich Konfliktsituationen mit ihm „nach oben". Leon wird dann wütend und beleidigt seine Lehrkräfte. Wird er aufgefordert, das Klassenzimmer zu verlassen, weigert er sich, bleibt sitzen und versucht, seine Mitschüler zu beeindrucken, indem er sich über die Lehrkraft lustig macht oder diese beleidigt.

Erzieherische Überlegungen

Nicht selten schaukeln sich Konflikte so hoch, können Kinder durch ihr Verhalten so stören, auffallen oder gegen geltende Regeln angehen, dass Lehrkräfte sich kein anderes Mittel mehr wissen, als den betreffenden Schüler des Raumes zu verweisen.

Klasse als Bühne

Leon steht exemplarisch für solche Schüler. Nicht selten sind Lehrkräfte, wenn sie zu dieser Maßnahme greifen, längst selbst hoch emotional und es fällt ihnen, nachvollziehbarerweise, sehr schwer, ruhig und sachlich mit Kindern wie Leon umzugehen. Im Gegensatz zum vorhergehenden Kapitel, indem es um die Verweigerung von Arbeitsaufträgen ging und sich viele dieser Situationen durch alternative Entscheidungsmöglichkeiten seitens des Schülers „entschärfen" lassen, wird es im hier dargestellten Beispiel mit Leon deutlich schwieriger: Der Konflikt ist bereits „da", eine Konsequenz ausgesprochen und die Glaubwürdigkeit der Lehrkraft scheint in Gefahr, wenn diese nun nicht durchgesetzt wird.

Entlastung

Es gibt viele Kinder, die in solchen Fällen tatsächlich den Klassenraum verlassen und sich zur Schulleitung oder zur Schulsozialarbeit begeben – nicht zuletzt deshalb, weil dies auch eine Möglichkeit darstellt, sich zu entlasten und dem aktuellen Konflikt erst einmal auszuweichen, wenn auch vielleicht nicht zu entkommen.

Schüler wie Leon verhalten sich anders: Sie empfinden ein Verlassen des

Raumes als Niederlage und nicht als Entlastung. Im Konflikt mit der Lehrkraft wollen sie nicht in eine Ohnmachtsposition geraten und wehren sich daher gegen den Rauswurf – möglicherweise auch deshalb, weil sie sich grundsätzlich ohnmächtig gegenüber Schule, Familie oder ihrer Lebenssituation im Allgemeinen fühlen und im direkten oder auch übertragenen Sinne „Rauswürfe“ aller Art nur zu gut kennen.

vertrauter Rauswurf

Daher weigern sie sich, bleiben sitzen und beginnen, die Lehrkraft zu verhöhnen und die Klasse als Bühne zu nutzen. Sie haben für sich entdeckt, dass das Nicht-Gehen, das verweigernde Sitzenbleiben eine mächtige Position ist, die sich nicht ohne Weiteres durch eine Lehrkraft auflösen lässt. Sie ermächtigen sich also in dieser Situation selbst und vergrößern jedoch, ohne es zu bemerken, die Ohnmacht, der sie eigentlich entkommen wollen – zumindest dann, wenn die Lehrkraft nicht kapituliert.

Gesicht wahren

Nachgeben können Kinder wie Leon auch deshalb nicht, weil in einer solch verfahrenen Situation alle Augen auf sie gerichtet sind und der Rauswurf aus dem Klassenzimmer eine Beschämung auslöst. Keinesfalls gilt es, das „Gesicht zu verlieren“, insbesondere dann, wenn es einem schwer fällt, das „eigene Gesicht zu wahren“ und sich und seiner Person „ein eigenes Gesicht zu geben“ – ganz im Sinne einer gelungenen kindlichen Identitätsentwicklung. Der drohende Gesichtsverlust wird übertragen, indem sich der betreffende Schüler versucht, über die Lehrkraft lustig zu machen und diese zu beleidigen.

Erzieherisch gut lösen lässt sich die Situation kaum. Gibt die Lehrkraft nach, büßt sie Glaubwürdigkeit ein und der Schüler lernt, dass die Verweigerung ein mächtiges Mittel ist, mit dem sich agieren lässt. Gibt sie nicht nach, so lässt sich eine solche Situation nur mithilfe anderer Erwachsener, beispielsweise der Schulleitung, auflösen, von denen sich Schüler wie Leon möglicherweise beeindrucken lassen und den Raum doch noch verlassen. Aber auch darüber droht die Glaubwürdigkeit der Lehrkraft verloren zu gehen.

Unterrichtliche Überlegungen

Es wird deutlich, dass insbesondere Kinder in derartige Verweigerungssituationen kommen, die sich eher ohnmächtig erleben und deren Selbstwert meist nicht sehr hoch ist. Unterrichtlich zieht dies mehreres nach sich:

nicht verstricken lassen

Zum einen erfordert es eine Lehrerpersönlichkeit, die sich nach Möglichkeit nicht zu Konflikten „verführen“ lässt und sich und den betreffenden Schüler in die beispielhaft geschilderte Position bringt. Diese entsteht erst, weil die Lehrkraft die Anweisung zum Verlassen des Raumes gegeben hat.

Unterrichtsvorbereitung mit Blick auf Kinder wie Leon bedeutet auch, sich viele Gedanken darüber zu machen, wie Leon so an Unterrichtsinhalte gebunden werden kann, dass er interessiert und motiviert bleibt und zudem Erfolge in der Bearbeitung von Aufgaben erzielen kann.

Akteur des eigenen Lernens

Zum zweiten erfordert dies einmal mehr das Nachdenken über Unterrichtmethoden, die Kinder ermächtigen, die sie teilhaben lassen und zum Akteur ihrer eigenen Lernbewegung machen. Damit ist nichts gegen den gegebenen Wert frontalen Unterrichts gesagt und auch nichts gegen das Durcharbeiten von Lehrgängen oder Fibeln. Dennoch gilt es, sehr genau darauf zu achten, inwieweit der Charakter des Lehrens den Schüler belehrt, statt ihn für das eigene Lernen freizusetzen. Daher sind Unterrichtsformen, die das eigenständige Erforschen, Experimentieren, Recherchieren, Nachfragen, Erproben, Planen, Durchführen und Auswerten anregen, besonders geeignet und relevant – und dies nicht nur für Schüler wie Leon.

- Eine Möglichkeit, die Sie wieder handlungsfähig macht, wenn Kinder wie Leon verweigern, ist, mit der übrigen Klasse das Zimmer zu verlassen und den Unterricht an anderer Stelle fortzusetzen. Sie können den betreffenden Schüler vor die Entscheidung stellen, innerhalb von ein oder zwei Minuten aufzustehen und zu gehen oder aber Sie gehen mit der Klasse. Der Vorteil ist nicht nur, dass die Klasse bereits hört, was gegebenenfalls auf sie zukommt, sondern dass Sie damit wieder agierend und nicht reagierend handeln und zudem doch so etwas wie eine kleine Entscheidungsmöglichkeit für den Schüler eröffnet wird. Ein weiterer Vorteil ist, dass sie dem Schüler mit Ihrem Auszug mit der übrigen Klasse die Bühne entziehen.
- Sprechen Sie sich im Kollegium ab, für den Fall, dass Sie mit Schülern wie Leon öfter in eine solche Situation kommen. Überlegen Sie, wie andere Lehrkräfte oder die Schulleitung Ihnen hilfreich sein könnten, ohne dass dies auf Kosten Ihrer Glaubwürdigkeit geht. Dazu gehört beispielsweise abzusprechen, welche Räume Sie im Falle eines Auszugs mit der Klasse nutzen können oder ob es sinnvoll ist, dass eine andere Lehrkraft für einige Minuten im Tausch Ihren Unterricht übernimmt, so dass sich die Situation entschärfen kann.
- Eine weitere Möglichkeit, mit dem Konflikt zumindest umzugehen, ist es, dem betreffenden Schüler zu signalisieren, dass man so nicht weiterkommt. Er verweigert und Sie können nichts tun. Sagen Sie dem Schüler, dass Sie mit seinem Verhalten nicht einverstanden sind und sich noch überlegen müssen, was dies für die Zukunft bedeutet – ohne jedoch den Schüler mit seiner Zukunft zu bedrohen. Sie könnten

beispielsweise sagen: „Ich merke, wir kommen so im Moment nicht weiter und mich regt die Situation sehr auf. Ich überlege mir später, wie wir in Zukunft gut miteinander arbeiten können und spreche dann noch einmal mit Dir."

- Warten Sie nicht zu lange damit, selbst aus dem Klassenzimmer zu gehen und die anderen Schüler mitzunehmen. Oftmals versuchen Schüler wie Leon, andere zu beeindrucken, anzustecken und mitzureißen. Dies kann ihnen nur dann nicht gelingen, wenn Sie in Ruhe, aber schnell genug eine Entscheidung treffen.
- Schüler mit körperlicher Gewalt aus dem Klassenzimmer zu „entfernen", ist weder zulässig noch hilfreich mit Blick auf die Beziehungsarbeit, die eigentlich zu leisten ist.

Schüler, die weglaufen

Markus ist schnell frustriert, wenn er etwas nicht kann oder nicht zu können glaubt. Er „fegt" dann wütend seine Arbeitsmaterialien vom Tisch und versteckt seinen Kopf zwischen den Armen. Versucht ihm die Lehrkraft zu helfen, wird er wütend und schlägt um sich. Immer wieder kommt es vor, dass er dann seinen Stuhl umwirft, das Klassenzimmer oder sogar die Schule verlässt. Stellt man sich ihm in den Weg, um dies zu verhindern, nimmt seine Aggression zu.

Erzieherische Überlegungen

Markus ist nur *ein* Beispiel für Schüler, die den Unterricht oder das Schulhaus unerlaubt verlassen. Gründe dafür gibt es viele: Gemeinsam ist fast allen Schülern entweder ein Konflikt, den sie nicht aushalten (können), mit in die Schule tragen und dort keinen Raum für diesen bekommen, oder aber massive Frustrationserfahrungen mit Schule – sei es unterrichtlich, sei es sozial. So oder so scheinen sich Schüler, die von der Schule oder aus dem Klassenzimmer weglaufen, in einer Situation der Überforderung zu befinden, für die sie keine andere Lösung wissen.

Schüler in der Nähe

Die Erfahrung zeigt, dass sich die meisten Schüler nicht weit entfernen. Die allermeisten sitzen irgendwo im Schulhaus oder in der Nähe des Schulhauses in einem Versteck und beobachten, ob man sich Sorgen um sie macht und nach ihnen sucht. Nur in wenigen Fällen steigen Schüler tatsächlich in einen Bus oder Zug und fahren weiter weg; schon gar nicht im Grundschulalter. Das bedeutet, dass Schüler wie Markus eigentlich dabei sein wollen, Teil einer Klasse und Lerngemeinschaft bilden wollen, es aber nicht können. Einmal weggelaufen, wissen sie oft nicht mehr, wie sie wieder zurückkommen können. Die Hemmschwelle zum Weglaufen ist viel schneller überschritten, als die zum Wiederkommen. Das liegt an mehreren Gründen: zum einen befürchtet man vielleicht Strafe und zum anderen stellt es auch eine Art Gesichtsverlust dar. Da hat man ein so starkes Mittel wie das Weglaufen benutzt, aber eigentlich will man dabei sein. Das Zurückkehren in die Klasse ist daher oft so stark mit Scham besetzt, dass Schüler den Weg nicht zurückfinden.

Wege zurück?

Aus erzieherischer Sicht scheint es daher bedeutsam, dass es Wege zurück in die Klasse gibt, die von Schülern gekannt und beschritten werden können. Dadurch reduziert man die durch Scham ausgelöste Hemmschwelle. Annäherungen können über einen Platz im Eingangsbereich der Schule beginnen, und sich fortsetzen mit einem Tisch vor dem Klassenzimmer, dem Nebenraum des Klassenzimmers bis hin zurück zum eigenen Platz. Zusätzlich könnten diese „Stationen“ mit kleinen schulischen Aufgaben bestückt sein, die man vor Ort in Ruhe erledigen kann, aber nicht muss.

Weglaufen ohne Konsequenz?

Aber kann und darf man einfach weglaufen, ohne dass dies eine Konsequenz hat? Sind Schüler in echten inneren Nöten oder wissen sich in Konfliktsituationen nicht anders zu helfen, so würde eine strafende Konsequenz neben der verspürten Scham zusätzlich Beschämung schaffen und außerdem die Arbeit an Lösungen verhindern. Ziel soll es sein, dass solche Schüler lernen, Konflikte anders zu lösen als durch Weglaufen. Pädagogische Lösungsarbeit wird an dieser Stelle sehr stark von der Beziehung zur Lehrkraft abhängen, auf die aber durch eine Strafe ein Schatten geworfen würde.

Weglaufen als Machtmittel

Allerdings entdecken manche Schüler das Weglaufen im Laufe der Zeit auch als Machtmittel und wollen sich so Aufmerksamkeit und Zuwendung erzwingen. Was zu Beginn aus innerer Not entstand, wendet sich und wird gezielt für eigene Interessen genutzt. Ist dies der Fall, macht es Sinn, sachbezogen darüber nachzudenken, wie mit dem Weglaufen konsequent umgegangen werden könnte, beispielsweise, indem versäumte Unterrichtszeit nachgearbeitet werden muss – dann allerdings nach Möglichkeit ohne viel Aufmerksamkeit durch die Lehrkraft.

Unterrichtliche Überlegungen

Das Weglaufen von Schülern scheint auf den ersten Blick ein rein erzieherisches oder vielleicht disziplinarisches Thema zu sein. Das Beispiel von Markus zeigt aber, dass Unterricht durchaus eine entscheidende Rolle spielen kann. Sind Schüler über längere Zeit hin durch Unterrichtsstoff überfordert oder frustriert und vermischt sich dies mit belastenden häuslichen Situationen wie Überforderungen und Frust durch Abwertungserfahrungen, ambivalentes elterliches Erziehungsverhalten, Lieblosigkeit, Übernahme nicht altersgemäßer Rollen, Leben in beengten Verhältnissen, u. v. m., erscheint es kaum noch verwunderlich, dass Kinder wie Markus nichts anderes wollen, als wegzulaufen und allem zu entkommen.

Frustration und Überforderung

Unterricht muss daher für solche Schüler zum Hinlaufen und nicht zum Weglaufen motivieren, was angesichts des Leistungsanspruchs der Grundschule nicht immer einfach einzulösen ist. Dennoch ist die Lernzielgleichheit auch im Unterricht der Grundschule aufgehoben, und differenzierte, eher leicht unterfordernde Angebote könnten Schüler wie Markus zunächst entlasten, um in ihnen wieder Motivation für sich und das eigene Lernen wachsen zu lassen.

rechtzeitig handeln

Zudem gilt es, Frustrationen rechtzeitig zu erkennen. Ist die Situation, so wie im Beispiel, erst einmal verfahren, dann lassen sich Schüler oft kaum noch erreichen. Die Hilfeversuche durch die Lehrkraft können nicht mehr angenommen werden, einerseits, weil man sich schon zu sehr emotional verstrickt hat, und andererseits, weil die Lehrkraft ja „in personam" für das steht, was frustriert und überfordert. Daher richten sich Aggressionen und Beleidigungen in solchen Situationen dann auch direkt an die Lehrkraft.

optimale Passung

Wer wegläuft, will nicht nur eigentlich dabei sein, sondern auch gesucht und gefunden werden. Dies ist im übertragenen Sinne ein starkes Bild für die Zielstellung unterrichtlicher Arbeit mit solchen Kindern. Kind und Stoff müssen im Sinne der optimalen Passung zusammenfinden. Das Kind selbst will in seinen Möglichkeiten und Begabungen, in seinen Begrenzungen und Schwierigkeiten gesucht und gefunden werden. Trägt dem ein lernzieldifferenter und gut differenzierter Unterricht durch entsprechende methodische Entscheidungen Rechnung, werden sich die Schwierigkeiten erheblich verringern. Das Weglaufen als kindliches Machtmittel wird darüber überflüssig.

Erarbeiten Sie mit dem Schüler Lösungsversuche nach dem Motto: „Was kann ich tun, wenn ich merke, dass ich weglaufen muss?" Lassen Sie dabei kreative Lösungsvorschläge und Alternativen durch den Schüler zu. Sie verhelfen ihm so dazu, sein Problem mit Ihrer Hilfe selbst in den Griff zu bekommen. Akzeptieren Sie „Fehlversuche“, bieten Sie dann von sich aus Alternativen an.

- Erarbeiten Sie an Ihrer Schule einen Ablauf- und Informationsplan, der in Kraft tritt, wenn ein Schüler wegläuft. Dabei ist eine Lösung dafür zu finden, dass Sie im Klassenzimmer bleiben können, beispielsweise durch eine Telefonanlage in allen Klassenzimmern, dienstliche Mobiltelefone o. Ä.
- Wägen Sie ab, ob ein einfacher Verstärkerplan Sinn macht, Schüler wie Markus zu motivieren. Wichtig ist, dass schnelle Erfolge damit erzielen werden können und der Schüler nicht eine ganze Woche oder länger Verstärker sammeln muss, bis er ein Ziel oder eine Belohnung erreicht. Verstärkerpläne können aber auch quälend für Schüler sein, wenn die Frustrationstoleranz zu niedrig ist und sie das Scheitern mehr erwarten als das Gelingen.

- Stellen Sie sich aggressiven Schülern, die die Schule verlassen wollen, nicht in den Weg. Sie gefährden sich gegebenenfalls.
- Laufen Sie Schülern nicht hinterher. Zum einen vernachlässigen Sie sonst Ihre Aufsichtspflicht für die Klasse, zum anderen werden Sie den weggelaufenen Schüler nicht allzu schnell davon überzeugen können, wieder ins Schulhaus zu kommen, wenn Sie ihn überhaupt finden.
- Das Absperren von Türen, um Schüler am Weglaufen zu hindern, ist nicht zulässig.
- Bitte bedenken Sie, dass die Grundschule eine inzwischen sehr leistungsorientierte Schule ist, in der viel Stoff in hoher Geschwindigkeit erarbeitet wird. Als „Teil des Systems“ übersieht man schnell, dass es nicht selbstverständlich ist, dass alle Schüler Anspruch und Geschwindigkeit gerecht werden können. Suchen Sie daher, auch unabhängig von Schülern wie Markus, immer wieder nach relativierenden Möglichkeiten und reflektieren Sie das Selbstverständnis der Grundschule.

Schüler, die nichts herausgeben

Jessica beschäftigt sich gerne mit unterrichtsfremden Gegenständen und lenkt damit nicht nur sich, sondern auch ihre Mitschüler ab. Anweisungen, nichts mehr mit in die Schule zu bringen, was nicht mit dem Unterricht zu tun hat, kommt sie nicht nach. Fordert die Lehrkraft sie auf, ihr die Gegenstände auszuhändigen, weigert sie sich beharrlich. Sie lässt auch nicht zu, dass die Lehrkraft ihre Schultasche kontrolliert und wirft sich schreiend über die Tasche, wenn hineingeschaut werden soll, und tritt gegen die Lehrkraft.

Erzieherische Überlegungen

Jessica steht beispielhaft für Schüler, die sich auf mehreren Ebenen konkret weigern: Die Anweisung, nichts Unterrichtsfremdes mitzubringen wird ebenso verweigert wie das Weglegen, Herausgeben oder die Kontrolle der Schultasche.

Weigerung auf mehreren Ebenen

Die Gefahr, mit Kindern wie Jessica sehr schnell in einen größeren, emotional aufgeladenen Konflikt zu geraten, ist groß, denn es geht für viele Lehrkräfte darum, Durchsetzungsfähigkeit zu beweisen und die eigene Autorität nicht unterwandert zu sehen. Die vielfältigen Formen der Verweigerung führen die Durchsetzung der Anweisungen jedoch schnell in Situationen hinein, die einem Ping-Pong-Spiel gleichen, in dem auf Aktion Reaktion und daraus – in emotionaler Steigerung – wiederum Aktion und wiederum Reaktion folgen usw.

Aktions-Reaktions-Falle

Am Ende stehen meist machtvolle, nicht aber nachhaltige Maßnahmen, in denen das Kind wie auch immer „verliert“ und sich an der Situation wenig ändert.

Gründe, weshalb Kinder unterrichtsfremde Gegenstände mit in den Unterricht bringen, gibt es zahlreiche. Das kann der Versuch sein, sich von schulischen Anforderungen entlasten zu wollen, indem man ein Spielzeug dabei hat. Das kann aber auch der Versuch sein, sich selbst vor den anderen attraktiv machen zu wollen. Bisweilen betrifft ein solches Verhalten auch Kinder, die mit schulischen Anforderungen zu kämpfen haben und die vor ihren Mitschülern gut dastehen wollen; wenn nicht über Leistungen und Noten, dann eben über das, was sie „haben“ und mitbringen. Betroffen sind also möglicherweise eher Kinder mit geringem Selbstwert, die etwas darstellen wollen und sich so „zeigen“ und ihr Selbst „vergrößern“ und „ausweiten“.

Vergrößerung des Subjekts

Die verschiedenen Stufen der Verweigerung, so wie im Beispiel beschrieben, ließen sich folgendermaßen erklären: Wer sich selbst „nur“ unter Zuhilfenahme von Gegenständen darstellen und „aufwerten“ kann, der verliert beim Herausgeben desselben nicht nur den konkreten Gegenstand, sondern zum einen die sicher geglaubte Möglichkeit, sich selbst zu zeigen und den eigenen Selbstwert zu vergrößern, und zum anderen auch „ein Stück“ von sich selbst. Ist der Selbstwert aber niedrig, bedeutet der Verlust eines „Stückes“ Selbst eine große Gefahr, und gegen diese wehrt sich das Kind.

Autonomie wahren

Denkbar wäre aber auch, dass ein Schüler, der sich wie Jessica weigert, die Schultasche kontrollieren zu lassen, und etwas auf Aufforderung hin abzugeben, stark mit der Wahrung der eigenen Autonomie befasst ist. Die innere Erlebenslage ließe eine Herausgabe dann deshalb nicht zu, weil damit auch ein Verlust an Autonomie und Selbstkontrolle verloren zu gehen scheint. Dies betrifft insbesondere Kinder, die zuhause sehr „klein gehalten" werden oder aus sehr beengten Verhältnissen stammen oder sich sehr willkürlich handelnden, übermächtigen Eltern(teilen) ausgesetzt erleben; letztlich also Kinder, die den häuslichen Einbruch in ihre Autonomie in der Schule zu kompensieren versuchen.

Erzieherisch lösen lassen sich diese Situationen so oder so nur, wenn die Lehrkraft nicht in ein „Ping-Pong-Spiel", nicht in eine Aktions-Reaktions-Falle mit dem Kind gerät. Das Kind müsste darin sein Verhalten beständig steigern und ginge (deswegen) am Ende doch als Verlierer vom Platz. Dies heißt aber infolge nicht zu akzeptieren, dass das Kind mit unterrichtsfremden Gegenständen spielt und diese nicht hergeben will. Hilfreich ist es daher, das Kind in die Position zu bringen, dass es sich der Anweisung der Lehrkraft nicht ausgeliefert erlebt, sondern selbst handeln kann.

Unterrichtliche Überlegungen

Kinder, die in bestimmten Situationen verweigern, stellen Lehrkräfte während des Unterrichts vor große Herausforderungen, weil sie zumeist deren ganze Aufmerksamkeit binden. Die Lehrkraft muss den Unterricht unterbrechen, und darüber können weitere Konflikte zwischen anderen Kindern in der Klasse entstehen.

bewusste Anerkennung

Unabhängig davon, ob es dem betreffenden Kind darum geht, sich selbst vor den anderen attraktiver zu machen, Aufmerksamkeit einzuheimsen und sozial anerkannt zu werden, oder aber aus verletzten oder eingeschränkten Geltungs- und Autonomiebedürfnissen das eigene Selbst zu vergrößern: Unterricht muss von seinem Anforderungscharakter wie auch seinen methodischen Entscheidungen her so zieldifferent und das Kind ermächtigend geplant und durchgeführt werden, dass die geschilderten Bedürftigkeiten über diesen selbst mehr und mehr befriedigt werden können. Bewusst gesetzte Anerkennungen können dies unterstützen. Gegebenenfalls hilft Kindern wie Jessica auch ein Verstärkerplan, der sich nicht nur auf das „Weglassen" der unterrichtsfremden Gegenstände bezieht, sondern vor allem, das verstärkt, was schulisch gelingt. Dabei ist darauf zu achten, dass die Erfolgserlebnisse am Anfang schnell zu erreichen sind und die in Aussicht gestellte Belohnung ebenfalls mit der Problematik verbunden ist. Es ist daher weniger ratsam, als Belohnung die Beschäftigung mit dem unterrichtsfremden Gegenstand in Aussicht zu stellen, als vielmehr Möglichkeiten, bei denen das Kind etwas bestimmen kann: So könnte es beispielsweise entscheiden, an welchem Tag es eine Hausaufgabe weglassen kann, es könnte ein Spiel mit anderen Kindern anleiten, im Sportunterricht eine Mannschaft wählen etc.

- Vereinbaren Sie mit dem Kind konkrete Zeiten, in denen unterrichtsfremde Gegenstände verwendet und wann mit ihnen gespielt werden darf, wenn sich dies mit Ihren Vorstellungen von Unterricht verbinden lässt. Gegebenenfalls macht es besonders bei jüngeren Kindern Sinn, einen Mitbringtag einzuführen. Damit schafft man auch eine klare Struktur für die anderen Tage, auf die man sich in der Auseinandersetzung mit dem Kind beziehen kann.
- Geben Sie dem Kind einen zeitlichen Entscheidungsraum, nach dem Motto: „Bitte pack den Gegenstand in den nächsten zwei Minuten weg. Ich komme gleich noch einmal und schau nach Dir!“ Entfernen Sie sich dann bewusst vom Kind, um den Entscheidungsraum auch im wahrsten Wortsinn zu eröffnen. Kehren Sie aber auch konsequent zum Kind zurück. Entscheidungsräume verhelfen Ihnen und dem Kind aus Situationen, in denen bereits verweigerndes Verhalten stattfindet. In den meisten Fällen verhelfen kleine Entscheidungsmöglichkeiten Kindern, aus der Verweigerung „auszusteigen“. Erst, wo dies nicht gelingt, macht es gegebenenfalls Sinn, in eine konflikthafte Auseinandersetzung mit dem Kind einzutreten.
- Vereinbaren Sie mit dem Kind einen Ort im Klassenzimmer, an dem der Gegenstand während des Unterrichts seinen Platz hat. Wichtig dabei ist, dass der Gegenstand für das Kind sichtbar ist, denn dann wird es die Regel, damit nicht spielen zu dürfen, gegebenenfalls leichter einhalten können.
- Bisweilen kann es ausreichend sein, wertfrei und sachbezogen zu formulieren, was man möchte oder nicht möchte, um den eigenen Standpunkt klar zu machen und sich dennoch nicht auf einen Machtkampf mit dem Kind einzulassen. Das stellt dann keine vollständige Lösung, aber eine Teillösung dar, mit der auch das Unterrichtsgeschehen ohne Autoritätsverlust fortgesetzt werden kann.

- Lassen Sie sich nicht auf Machtkämpfe mit dem betreffenden Kind ein und setzen Sie Ihren Willen nicht gewaltsam durch, indem Sie den Gegenstand dem Kind entreißen oder die Büchertasche an sich nehmen. Damit begeben Sie sich in die gleiche emotionale Situation wie das Kind und können diesem nicht mehr hilfreich sein. Es geht nicht darum, dass Sie Ihren Willen durchsetzen, sondern darum, dass das Kind dem Unterricht folgt und nicht in unlösbare Verweigerungssituationen gerät.

– Spielen Kinder mit gefährlichen Gegenständen wie einem Taschenmesser oder einer Rasierklinge, dann halten Sie keinesfalls die Hand auf, um sich den Gegenstand aushändigen zu lassen, sondern weisen Sie das Kind in Ruhe an, wo es den Gegenstand ablegen soll. Auch mit Deos oder Parfums empfiehlt sich ein entsprechender Umgang, da diese im Konflikt gegen Sie verwendet werden und ätzend oder verbrennend wirken können.

Schüler, die sich nicht helfen lassen

Philipp ist ein Schüler, der gerne für sich ist und eher wenig Kontakt zu seinen Mitschülern sucht. Aufgaben, die er beherrscht, bearbeitet er selbstständig und ausdauernd. Besonders Arbeitsblätter in Mathematik rechnet er liebend gerne. Schwer tut er sich im Kunstunterricht: Er hat keine Ideen und weiß nicht, was er malen soll. Kommt er nicht weiter, so versucht er dies zu überspielen. Seine Lehrkraft fragt er nicht um Hilfe, obwohl ihm diese immer wieder angeboten wird. Setzt die Lehrkraft sich zu ihm, dann wird er schnell aggressiv und die Situation endet oft im Streit.

Erzieherische Überlegungen

Philipps Verhalten ist typisch für Kinder mit sogenannter unsicher-vermeidender Bindung. Erfahrungen mit Erwachsenen aus der Zeit der frühen Kindheit prägen ihr Verhalten und Erleben.

notwendige Selbstkontrolle

Im Vordergrund steht dabei die empfundene Notwendigkeit, mit sich selbst zurechtkommen zu müssen. Verlässlichkeit und Sicherheit scheinen von Erwachsenen nicht auszugehen, weil die eigenen Bezugspersonen so nicht erlebt wurden. Daher ist es für Kinder wie Philipp von höchster Bedeutung, möglichst alles selbst zu kontrollieren und sich nicht in die Abhängigkeit von Erwachsenen zu begeben. Zeigen sich diese Verhaltensweisen nicht nur als Tendenz, sondern überdauernd und führen zu Konflikten im Unterrichtsgeschehen, so scheinen die frühen Kindheitserfahrungen sehr nachhaltig negativ zu wirken. Es könnte sein, dass Philipp aus einer Familie stammt, in der er Verwahrlosung und Vernachlässigung ausgesetzt war, beispielsweise weil er ein ungewolltes Baby oder weil die Mutter mit ihm massiv überfordert war. Auch die psychische Erkrankung eines oder beider Elternteile könnte dazu geführt haben, dass Philipp schon als Baby lernen musste, sich vorwiegend mit sich selbst zu beschäftigen.

Übertragung auf Lehrkraft

Die Begegnung mit Schülern wie Philipp ist nicht einfach: Wer Erwachsene als unzuverlässig verinnerlicht hat und zudem davon überzeugt ist, dass von ihnen eher Gefahr als Sicherheit ausgeht, wird viel Energie investieren (müssen), sich Lehrkräfte vom Leib zu halten. Konflikte entstehen dann, wenn man diesen Kindern zu nahe kommt, was unweigerlich passieren wird, denn es gilt, Aufgaben zu kontrollieren, etwas individuell zu erklären oder einen Blick in die Schultasche zu werfen. Wenn Lehrkräfte auf ein ablehnendes und abwehrendes Verhalten eines solchen Schülers nicht mit Strafe oder Ordnungsmaßnahmen reagieren, ist das sicher richtig. Gleichzeitig wird dann aber oft ein pädagogisches Verhalten an den Tag gelegt, das darauf ausgelegt ist, das Einzelgespräch mit dem Schüler zu suchen, sich ihm zu nähern, auf Augenhöhe zu sprechen oder vielleicht sogar beruhigend die Hand auf seine Schulter zu legen. All dies führt aber nicht zur Klärung der Situation, sondern verkompliziert und steigert sie, denn Kinder wie Philipp verspüren eine existenzielle Notwendigkeit, sich gegen das allzu selbstverständliche pädagogische Beziehungsverhalten in Form von Nähe und Zuwendung zu wehren.

emotionale Falle

Hieraus resultiert oft eine Enttäuschung seitens der Lehrkraft, die sich Zeit genommen hat, die empathisch sein wollte und die sich durch das Verhalten eines solchen Kindes selbst schnell abgelehnt und entwertet fühlen kann. Dies kann in Konfliktspiralen führen, in denen aus notwendiger Abwehr einerseits und Enttäuschung des pädagogischen Ethos andererseits heftige Auseinandersetzungen entstehen.

Lehrkräfte, die Schüler wie Philipp in ihrer Klasse haben, sind daher gut beraten, ihr pädagogisches Selbstverständnis von Nähe und Distanz, erwartetem Vertrauen und akzeptierter Fremdheit zu überdenken. Dabei hilft das Wissen darum, dass diese Schüler ihre Erfahrungen mit frühen Bezugspersonen und die daraus resultierenden inneren Konflikte auf Erwachsene, also auch auf Lehrkräfte, übertragen und es beim gezeigten Verhalten – sei es noch so aggressiv oder beleidigend – meist nie direkt um die Lehrkraft geht.

Unterrichtliche Überlegungen

Für den Unterricht bedeutet dies auszuhalten, dass unsicher-vermeidend gebundene Schüler wie Philipp eher keinen Kontakt zur Lehrkraft suchen und sich gegen jede Form der Abhängigkeit wehren (müssen). Sie zeigen zumeist keinerlei äußere Anzeichen von Angst oder Verunsicherung – ganz im Gegenteil: Sie verleugnen, dass sie Hilfe durch die Lehrkraft benötigen. Solche Schüler fallen dadurch auf, dass sie nicht um Hilfe bitten, obwohl sie mit ihrer Arbeit nicht weiterkommen und dass sie permanent Sätze aussprechen wie: „Kann ich schon!", „Hab ich schon gemacht!" oder „Brauch ich nicht!"

Distanz zur Lehrkraft

Die emotionale Nähe von Lehrkräften wird nur schwer oder gar nicht ertragen, und Aufgaben, die direktiv durch die Lehrkraft gestellt werden, können schnell Aggressionen auslösen. Gleichzeitig kann eine Aufgabe, die der Schüler selbst und ohne Hilfe bewältigen kann, als Puffer zur Lehrkraft dienen.

Die Leistungen solcher Schüler sind meist nicht allzu gut, obwohl sie durchaus normal begabt sein können. Dies liegt daran, dass sie alle ihre Energie dafür aufwenden, sich die Lehrkraft „vom Hals zu halten" und sich gegen direktive Arbeitsanweisungen zu wehren. Auch Hilfe lassen sie nicht zu, und so können sie ihr Potenzial meist nicht ausschöpfen. Sprachlich fallen diese Schüler durch eine eher reduzierte Sprache auf, weil sie Kommunikation eher meiden. Mit Kreativität fordernden Aufgaben, die stets durch Anregung von außen wächst, kommen sie nicht gut zurecht. Allerdings tun sie sich mit Aufgaben von seriellem Charakter leicht und rechnen beispielsweise ohne aufzufallen unzählige Aufgaben ein und desselben Typs, wenn sie diese verstanden haben.

Sachorientierung

Zu Beginn der Arbeit mit einem solchen Schüler sollten also eher sachorientierte Aufgaben im Mittelpunkt stehen, die selbstständig erschlossen und auch kontrolliert werden können. Dies schafft eine Verlässlichkeit, die es nach und nach ermöglichen kann, das Ausmaß an Unterstützung und Kontrolle durch die Lehrkraft langsam zu erhöhen.

- Bieten Sie Aufgaben an, die überschaubar sind und mit denen Ihr Schüler von sich aus beginnen kann.
- Bisweilen kann es von Vorteil sein, dass Schüler wie Philipp bereits eine klar überschaubare Aufgabe auf ihrem Platz vorfinden, wenn sie das Klassenzimmer betreten. Denn dies ist ein sensibler Punkt: Der Schüler muss sich in einen Raum begeben, in dem eine erwachsene Person das Sagen hat. Dies stellt eine „Bedrohung" dar. Die vorgefundene Aufgabe am Platz beruhigt und schafft Verlässlichkeit.
- Entwickeln Sie Aufgaben, die Selbstkontrolle ermöglichen und Entscheidungen zulassen, z.B. durch Phasen der Frei- oder Stationenarbeit. Besonders hilfreich erweist sich Wochenplanarbeit, weil hier in strukturierter, Sicherheit gebender Form vom Schüler Entscheidungen innerhalb eines Rahmens getroffen werden können, die ihn nicht

überfordern und zugleich dem Bedürfnis nach Selbstkontrolle gerecht werden.
- Schaffen Sie nach Möglichkeit einen Einzelarbeitsplatz, allerdings so, dass dieser nicht als Bestrafung empfunden wird.
- Offerieren Sie dem Schüler auch Rückzugsmöglichkeiten, die er unter bestimmten Regeln nutzen kann: Das kann ein Tisch vor dem Klassenzimmer sein oder eine Arbeitsmöglichkeit im Nebenraum oder in einem Art Lernbüro, das durch das Stellen von Trennwänden o.Ä. entsteht.

- Vermeiden Sie nach Möglichkeit zu viel Nähe und Körperkontakt. Überlassen Sie dem Schüler die Nähe-Distanz-Regulation.
- Bestehen Sie nicht zwingend darauf, eine Aufgabe dann zu kontrollieren, wenn Sie meinen, dass es notwendig sei. Schaffen Sie eher kleine Entscheidungsräume, in denen der Schüler Ihnen mitteilen soll, wann Sie zu ihm kommen und die Aufgabe kontrollieren können – nach dem Motto: „Gib mir bitte Bescheid, wenn Du so weit bist, dass ich zu Dir kommen kann!"

Schüler, die nicht sprechen

Annika kommt regelmäßig in die Schule, spricht aber nicht mit ihren Mitschülern und Lehrkräften, obwohl sie sprechen kann. Auch im Einzelgespräch mit lange vertrauten Lehrkräften und Bezugspersonen beschränkt sie sich auf das Nötigste oder antwortet gar nicht. Fordert man sie verstärkt auf, zu sprechen oder sich verbal zu beteiligen, rennt sie aus dem Klassenzimmer und versteckt sich im Pausenhof. Sie kann dann nur mit viel Mühe und Fingerspitzengefühl davon überzeugt werden, wieder ins Klassenzimmer zu kommen – wenn überhaupt.

Erzieherische Überlegungen

Annika steht beispielhaft für Kinder, deren Verhalten oft Rätsel aufgibt und die sich nur indirekt in die Kategorie der „Verweigerung" einordnen lassen. Sie werden meist als Kinder mit Mutismus oder selektivem Mutismus bezeichnet. Die Gründe dafür, weshalb sich Schüler so verhalten wie Annika, bleiben meist im Dunklen. Festzustehen scheint, dass das Nicht-Sprechen oft eine Verhaltensreaktion auf das Erleben starker Ängste und/oder traumatischer Erfahrungen ist, oder aber einen Umgang mit diesen darstellt.

Ängste als Ausgangspunkt

Es gibt daher möglicherweise eine Angst vor dem Sprechen selbst und/oder einen Schutz vor der Angst durch Nicht-Sprechen.

Bildlich gesprochen, ist Sprache etwas, das aus dem Innern nach außen getragen wird. Wer das starke Gefühl verspürt, sich schützen zu müssen, wird verhindern wollen, etwas von sich nach außen zu tragen und bemüht sein, sich „selbst zu bewahren". Tragischerweise wollen aber die meisten Kinder wie Annika dennoch sprechen und wissen um ihre Ängste, ohne diese konkret benennen oder fassen zu können.

nicht zum Sprechen verführen

Dies bedeutet aber nicht, dass Lehrkräfte alles daran setzen sollten, Kinder zum Sprechen zu „verführen" oder zu drängen – nach dem Motto: „Ich weiß doch, dass Du es kannst!" Die Kunst besteht vielmehr darin, Kinder wie Annika im Unterricht immer wieder einbindend anzusprechen, ohne eine Antwort zu erwarten. Diese Nicht-Erwartung als Haltung zu verinnerlichen, fällt Lehrkräften verständlicherweise nicht leicht. Aber: Ein Kind mit einer solchen Auffälligkeit mit seinem Namen anzusprechen, ist der Anfang jeder Beziehung und damit auch Teil von Erziehung: „Du bist gemeint, ich sehe Dich, Du bist gewollt und Teil unserer Klassengemeinschaft!" – das ist die erzieherische Haltung, die sich hinter einer Ansprache ohne Leistungserwartung verbirgt.

Sprache und Macht

Im hier dargestellten Beispiel deutet sich aber noch eine Verkomplizierung an. Annika rennt aus dem Klassenzimmer, versteckt sich, will gesucht werden und kommt oft nur zurück, wenn man sehr viel bittet und bettelt. Für manche Kinder, die nicht sprechen, es aber können, mag der Auslöser eine starke Angstproblematik sein. Nach einiger Zeit können Kinder aber auch entdecken, dass im Nicht-Sprechen ein starkes Machtmoment enthalten ist. Wie machtvoll das Nicht-Sprechen ist, kennt man aus Kriegsgebieten und von totalitären Regimen, in denen Menschen nur unter Anwendung schlimmster Foltermethoden zum Sprechen gebracht werden.

Problem der Situationsanalyse

Wer nicht spricht, kann sich in der Schule anstrengenden und fordernden Situationen auch entziehen, obwohl sie bewältigbar wären. Die Schwierigkeit bei Kindern wie Annika ist es, dass man nicht herausfinden kann, welche Anteile in welchen Situationen wirken, sondern nur ein vages Gefühl dafür entwickeln, das aber auch täuschen kann: Spricht sie aus Angst nicht, spricht sie nicht, um sich vor der Angst zu schützen, oder setzt sie das Nicht-Sprechen als Machtmittel ein, um sich einer Anforderung zu entziehen? Letztlich gilt auch für ein Kind wie Annika: Selbst, wenn es überdeutlich erscheint, dass das Nicht-Sprechen als Machtmittel eingesetzt wird, gilt es behutsam damit umzugehen, denn die Motive lassen sich nicht immer auseinandernehmen und es ist wahrscheinlich, dass eine Diffusion verschiedener Emotionen zusammenwirkt.

Unterrichtliche Überlegungen

Wie aber lässt sich Unterricht mit Kinder gestalten, die sprechen könnten, es aber nicht tun? Besonders in Fächern wie Deutsch und Englisch, in denen es auch stark um den mündlichen Ausdruck geht, tun sich große Schwierigkeiten auf. Auch Formen der Leistungserhebung wie beispielsweise Referate oder Präsentationen aus Gruppenarbeiten sind auch bei Gewährung von viel Vorbereitungszeit nicht einsetzbar. Ganz im Gegenteil: Einem Kind wie Annika ein Referat anzukündigen und ihr zu sagen, sie habe Zeit und könne sich in Ruhe darauf vorbereiten, es für sich ausprobieren etc., führt meist eher zu einer Verkomplizierung der Lage, da das Bewusstsein über das Nicht-Sprechen und die mit ihm verbundenen Ängste wachsen.

Umgang mit Leistungen

Wer solche Schüler unter Druck setzt und das Nicht-Sprechen bestraft oder auf mündlichen Leistungen besteht, weil es das Kind ja eigentlich kann, und dann mit schlechten Noten reagiert, wenn die Leistung nicht erbracht wird, weitet die bestehenden Angst- und Stresssituationen aus, statt sie abzubauen.

Bisweilen gelingt es, andere Kinder als Sprachrohr einzusetzen. Nicht selten haben Kinder wie Annika eine Freundin, der sie etwas zuflüstern können. Dies kann für einzelne kleinere Unterrichtsbeiträge ein hilfreiches Verfahren sein. Gleichzeitig muss man aber darauf achten, das Kind, das als Sprachrohr fungiert, nicht zu überfordern. Letztlich erfordern Kinder, die mit (selektivem) Mutismus leben, ein hohes Maß an Geduld und Fingerspitzengefühl. Zum einen gilt es, sich als Lehrkraft immer wieder zu bremsen, sie zum Sprechen „verführen“ zu wollen. Zum anderen braucht es viel Vorbereitungszeit und Variationen in der Leistungserbringung, um Kinder wie Annika zu ermöglichen, gleichberechtigt am Unterricht zu partizipieren. Sich damit abzufinden, dass diese Kinder still sind, dabei sitzen und das Wesentliche hoffentlich mitbekommen, geht am Bildungsauftrag von Schule vorbei.

- Schüler wie Annika haben oft keine Mühe zu sprechen, wenn sie völlig alleine für sich sind. Arbeiten Sie daher viel mit Audioaufnahmen. Bestimmte Leistungen können aufgenommen und in der Klasse abgespielt werden.
- Vereinbaren Sie viele nonverbale Möglichkeiten, sich ins Unterrichtsgeschehen einzubringen, beispielsweise durch Gesten, Fingerzeichen, kleine Schilder u. Ä. Bleiben Sie aber auch offen für alle Versuche des Kindes, sich verbal am Unterricht zu beteiligen, ohne dies als etwas

Besonderes darzustellen. Akzeptieren Sie dabei auch das „bloße“ Formen einzelner Wörter mit den Lippen oder ein Flüstern.

- Gerade im Grundschulalter lässt sich viel mit Handpuppen arbeiten. Möglicherweise kann sich Ihr Schüler mit einer Handpuppe ausdrücken, denn es spricht ja dann die Puppe und nicht das Kind.
- Klären Sie mit Hilfe des zuständigen Schulpsychologen und/oder des Mobilen Sonderpädagogischen Dienstes ab, ob wirklich (selektiver) Mutismus vorliegt oder kognitive Defizite bzw. ein nicht-deutschsprachiger Hintergrund oder auch allgemeine auditive Probleme verantwortlich für das Nicht-Sprechen sein könnten.
- Kinder wie Annika benötigen professionelle Unterstützung über den pädagogischen Rahmen hinaus: Diese ist meist psychologisch-therapeutischer Art, kann aber auch zusätzlich durch Logopädie und Sprachtherapie geleistet werden. Wenden Sie sich daher in einem ersten Schritt an den zuständigen Schulpsychologen, um weitere Schritte einzuleiten.

Informationen und Hilfe gibt es auch bei „Mutismus Selbsthilfe Deutschland e. V.“ unter www.mutismus.de/mutismus/leitlinien-fuer-paedagogen.

- Verzichten Sie darauf, Kinder wie Annika für ihr Nicht-Sprechen zu bestrafen oder zum Sprechen zu drängen.
- Verzichten Sie auf direktive Fragen, die eine Antwort nach sich ziehen.
- Verzichten Sie auf mündliche Abfragen und Referate.
- Bestehen Sie niemals auf Augenkontakt beim Sprechen.
- Sollten Kinder wie Annika dennoch plötzlich etwas sagen oder sich verbal beteiligen, dann halten Sie sich mit Lob zurück. Reagieren Sie nicht auf das plötzliche Sprechen, sondern tun Sie so, als sei es das Selbstverständlichste auf der Welt, dass dieses Kind spricht. Eine Thematisierung des Sprechens, auch ein Lob oder eine Anerkennung, wirken eher kontraproduktiv und tragen dazu bei, dass sich das Kind seiner Ängste wieder bewusst wird.
- Kinder wie Annika wirken bisweilen eigensinnig, dickköpfig oder stur und sind so in der Vergangenheit auch oft bezeichnet und wahrgenommen worden. Bedenken Sie stets, dass sich meist massive Ängste hinter dem Nicht-Sprechen verbergen und akzeptieren Sie, dass diese nicht einfach durch pädagogisches Geschick überwunden oder abgebaut werden können.

Schüler, die nicht zur Schule kommen

Vanessa fehlt immer wieder unentschuldigt in der Schule. Gespräche mit ihren Eltern verliefen bislang ohne Wirkung. Strafen scheinen sie wenig zu beeindrucken. Vanessa kann nicht richtig sagen, warum sie nicht in die Schule kommt, scheint aber bedrückt über die Situation zu sein. Sie ist bei ihren Mitschülern beliebt und kann gute Leistungen erbringen. Im Gespräch mit ihrer Lehrkraft äußert sie lediglich, dass ihre Mutter sie brauche.

Erzieherische Überlegungen

Gründe, weshalb Kinder der Schule fern bleiben, gibt es viele. Erwartbar ist ein solches Verhalten vermutlich eher von Jugendlichen und nicht in der Grundschule. Dennoch gibt es auch Kinder in jungem Alter, die nicht in die Schule kommen.

verschiedene Erklärungen

Entsprechend unterschiedlich sind die Bezeichnungen für ein solches Verhalten: Schulabsentismus, schulvermeidendes Verhalten, Schulphobie und andere. Die gängigen Erklärungsansätze für solche, sehr unterschiedlich motivierte Verhaltensweisen sind beispielsweise Prüfungsangst, Angst vor Versagen, soziale Ängste, wie Erfahrungen mit Mobbing etc.

Es gibt jedoch auch Schüler wie Vanessa, die durch ihr Verhalten, nicht in die Schule zu kommen, Rätsel aufgeben. Im hier geschilderten Beispiel gibt es weder leistungsbezogene, noch soziale Beweggründe, die ein Kind wie Vanessa davon abhalten könnten, in die Schule zu kommen.

Familiendynamiken

Der Schlüssel zum Verstehen ihres Verhaltens liegt im Bezug zur Mutter, die Hilfe zu brauchen scheint. Situationen wie diese sind typisch für familiäre Bindungen, in denen sich die Rollen umgedreht haben: Ein Elternteil oder beide Eltern nehmen die Rolle desjenigen ein, der versorgt werden muss, während das Kind die elterliche Rolle der Fürsorge übernimmt. Auslöser für eine solche Rollenumkehr sind oft psychische Erkrankungen von Elternteilen, wie beispielsweise eine Despression, aber auch krisenhafte, belastende Verhältnisse, die bei Eltern zu Überforderung und Passivität führen. Massive soziale Benachteiligung und Armut könnten z. B. dazu führen, dass Eltern sich so belastet erleben, dass sie nicht mehr in der Lage sind für sich, geschweige denn ein Kind zu sorgen. Aber auch eine emotional stark belastende Trennungssituation von Eltern, in der das Kind beim „verlassenen“ Elternteil zurückbleibt, könnte zum Auslöser werden.

Rollenumkehr

Im Falle einer psychischen Erkrankung oder unverarbeiteten Trennung wird die emotionale Lage des betroffenen Elternteils dann möglicherweise auf das Kind übertragen – nach dem Motto: „Was soll ich nur ohne Dich machen, wenn Du den ganzen Tag in der Schule bist?" oder „Jetzt gehst Du auch noch…" So wächst beim Kind ein Verantwortungsgefühl heran, das weder rollen- noch altersgemäß ist und sich aus zwei Quellen speist: Zum einen werden die Eltern oder Elternteile vom Kind unmittelbar als belastet oder traurig wahrgenommen und zum anderen werden die Kinder Empfänger emotionaler Übertragungen.

Für Kinder, die so oder so ähnlich aufwachsen, besteht die Belastung nicht nur darin, die Rollenumkehr zu leisten und dem verspürten Verantwortungsgefühl nachkommen zu wollen, sondern auch der möglicherweise große innere Konflikt, nicht nur in die Schule gehen zu müssen, sondern es auch zu wollen. Eine Situation, die das Kind nicht alleine lösen kann.

In einzelnen Fällen verstärkt sich Rollenumkehr so sehr, dass betroffene Kinder ihre Eltern kontrollieren, bevormunden und ihnen nachspionieren – Verhaltensweisen, die dann auch in der Schule, meist der Lehrkraft gegenüber, zutage treten – wenn das Kind denn zur Schule geht.

schwierige Elternarbeit

Erzieherische Überlegungen für eine Verhaltensproblematik wie diese anzustellen, sind schwierig. Zum einen, weil die „Verweigerung" der Schule gegenüber nicht unbedingt mit der Schule zu tun hat. Zum anderen, weil der Einfluss der Schule auf die Situation möglicherweise sehr gering ist. Gerade mit belasteten Elternteilen kann es sehr herausfordernd bis unmöglich sein, in konstruktive, die Situation lösende Gespräche zu kommen. Selbst, wenn die betroffenen Eltern einsehen, dass ein Problem vorliegt, heißt das nicht, dass sie es emotional auch bewältigen können, wenn der Zeitpunkt heranrückt, an dem das Kind sein Zuhause verlassen soll, um in die Schule zu gehen.

Grundsätzlich ist zu überlegen, das Kind weder positiv zu verstärken, noch mit Blick auf Fehltage und -zeiten zu moralisieren. In beiden Fällen werden die Problematik somit nicht „vergrößert" oder mehr als nötig thematisiert und damit auch das Bewusstsein beim Kind für die bestehende Problematik nicht unnötig verstärkt.

Unterrichtliche Überlegungen

Unterrichtliche Überlegungen für Kinder anzustellen, die nicht zur Schule kommen, erscheinen auf den ersten Blick überflüssig.

Schein des Selbstverständlichen

Dennoch lassen sich einige Aspekte berücksichtigen, die für betroffene Schüler hilfreich sein könnten: Zum einen benötigt es eine Vorbereitung der Mitschüler, dass diese nicht zu auffällig reagieren, sollte das Kind im Unterricht erscheinen. Es gilt den Schein des Selbstverständlichen zu wahren, um

Schule in ihrem Selbstverständnis zu bestätigen. Es ist daher sinnvoll, zu überlegen, neben welchem Kind eine Schülerin wie Vanessa sitzen könnte, wenn sie erscheint. Ruhe und die Bereitschaft zu unterstützen, könnten dabei wichtige Kriterien sein.

flexible Unterrichtsgestaltung

Zum anderen benötigt es Flexibilität im Unterrichtsgeschehen und in der Planung. Spüren Kinder wie Vanessa, dass sie den Anschluss verloren haben, dass sie den Stoff nicht nachholen können und hinterherhängen, wird die Motivation, in die Schule zu kommen, noch geringer werden. Es geht daher darum, methodisch und stofflich so vorbereitet zu sein, dass ein Lernen der Kinder im scheinbaren Gleichschritt vermieden und ein Lernen im Ungleichschritt ermöglicht wird. Dazu eignen sich insbesondere individualisiere Wochenpläne, aber auch das Arbeiten mit Lernleitern. Verspürt das Kind, dass es da, wo es „ausgestiegen“ ist, auch wieder „einsteigen“ kann, bleibt die schulische Motivation aufrecht erhalten – und damit die Basis, an der bestehenden Problemsituation etwas nachhaltig bewirken zu können.

Zusätzlich könnten individuelle Arbeitsmappen, Lesehefte und Aufgabensammlungen, die das Kind alleine bewerkstelligen kann und die an seinen Interessen anknüpfen, ein Anreiz sein, sich auch zuhause mit Unterrichtsinhalten zu befassen.

- Die Lösung einer derartigen Problematik bedarf viel Sensibilität. Sind Eltern sehr belastet, kann es sein, dass ein Hausbesuch für ein Gespräch sinnvoller ist, als die Aufforderung, zum Gespräch in der Schule zu erscheinen. Eltern können dann aus ihrer vertrauten und sicher erlebten Umgebung heraus mit Ihnen ins Gespräch kommen. Bisweilen ist viel Takt nötig, weil es sein kann, dass sich Eltern nur ungern auf einen Hausbesuch einlassen und sich für ihre häusliche Situation schämen.
- Sollte die Problematik nicht ohne Weiteres aufzulösen sein, so ließe sich überlegen, ob einem Kind wie Vanessa für eine Zeit mit Hausunterricht geholfen werden kann. Dies befreit das Kind aus seinem inneren Konflikt und verschafft allen Beteiligten Zeit, nach einer dauerhaften Lösung zu suchen und entsprechende Unterstützungssysteme anzufragen.
- Für die Planung wichtiger Gespräche und einer Gesamtstrategie im Vorgehen empfiehlt sich eine zeitnahe und regelmäßige Vernetzung mit der Schulleitung und vor allem dem zuständigen Schulpsychologen.

- Vermeiden Sie Zeiten der Nacharbeit und entsprechende Ordnungsmaßnahmen. Es geht nicht darum, das Kind dafür zu bestrafen, dass es in der Schule fehlt, sondern darum, es zu entlasten. Nacharbeit wird das Kind nicht dazu führen, öfter oder pünktlicher in die Schule zu kommen – ganz im Gegenteil.
- Setzen Sie Eltern nicht unter Druck, beispielsweise, indem Sie auf die Schulpflicht verweisen oder das Wohl des Kindes und sein Recht auf Bildung. Gerade in Situationen, wie der hier geschilderten, stehen die betroffenen Eltern bereits massiv unter Druck – aus welchen Gründen auch immer. Den Druck zu erhöhen, führt eher zur Verkomplizierung der Situation als zur Lösung und schlägt gegen das Kind zurück.
- Ist die Situation so „massiv", dass das Wohl des betroffenen Kindes in Gefahr scheint, weil sich die zuständigen Eltern oder Elternteile tatsächlich nicht mehr ausreichend um das Kind kümmern können, ist es sicher ratsam, das Jugendamt zu verständigen. Dies kann aber das anzubahnende Vertrauensverhältnis zur Familie durchaus belasten und muss nicht dazu führen, dass es dem Kind unbedingt besser geht. Wird das Kind infolge beispielsweise in einer Einrichtung der Kinder- und Jugendhilfe untergebracht, kann der psychische Druck, der auf dem Kind lastet, zunächst einmal zunehmen, weil das Kind befürchtet, dass sich nun niemand adäquat um die Mutter oder die Eltern kümmert. Hier eine für das Kind nachvollziehbare und glaubhafte Entlastung zu schaffen, ist sehr herausfordernd.

Schüler, die Lob nicht aushalten

Maximilian ist ein Junge, der schnell wütend wird und sich schwertut, mit seinen Mitschülern und Lehrkräften angemessen umzugehen. Er scheint den Streit geradezu zu suchen. Auch seine schulischen Leistungen sind nicht besonders gut – nicht zuletzt deswegen, weil er immer wieder in Konflikte verstrickt ist und so nicht zu seiner Arbeit kommt. Allerdings ist Maximilian ein sehr guter Sportler. Wird Maximilian von seiner Lehrkraft gelobt, um ihm auch einmal Anerkennung zuteilwerden zu lassen, beleidigt er seine Lehrkraft aufs Heftigste.

Erzieherische Überlegungen

Schüler wie Maximilian tun sich sehr schwer, mit ihren Mitschülern und Lehrkräften, besonders aber mit sich selbst zurechtzukommen. Ihre Frustrationstoleranz ist äußerst niedrig und sie scheinen permanent nach Streit und Konflikten zu suchen. Das vergiftet die Atmosphäre in einer Klasse sehr schnell.

Irrationales Verhalten?

Hinzu kommt, dass Schüler wie Maximilian durch ihr Verhalten völlig irrational wirken: Denn wer fühlt sich mit Streit und Konflikten scheinbar wohler, als mit Lob und Anerkennung?

Maximilian steht stellvertretend für Schüler, die vermutlich von klein auf massiven Abwertungs- und Ablehnungserfahrungen ausgesetzt sind oder waren. Warum dies so ist, lässt sich nicht immer herausfinden, ist bisweilen sehr komplex und für die pädagogische Arbeit mit diesen Kindern auch nicht das Wichtigste. Wer von anderen lange genug gesagt bekommt, dass er nichts wert sei, beginnt irgendwann zu glauben, dass dies auch so ist. Wer die Wut über das eigene Dasein durch wichtige Bezugspersonen erlebt und verinnerlicht, wird irgendwann wütend auf sich selbst und die eigene Existenz.

Internalisierung von Abwertung

Eine Zuschreibung von außen wird also internalisiert, und es entwickelt sich ein Selbstbild, das sich nach und nach verfestigt und zum Teil der kindlichen Identität wird.

Vordergründig ließe sich annehmen, dass sich diesem Selbstbild mit viel Zuwendung, Anerkennung und Lob etwas entgegensetzen, dieses sich nach und nach „auflösen" oder „umwandeln" ließe. Doch sind die Erfahrungen sehr prägend und anhaltend, schaffen Zuwendung und Anerkennung mehr Konflikte, als die bestehenden zu lösen. Dies liegt daran, dass es für ein Kind, das nachhaltig Ablehnung und Abwertung erfährt, sehr schwer ist, sich überhaupt ein Bild von sich selbst zu machen und zu so etwas wie einer „Identität" zu kommen. Zwangsläufig entsteht dann, wie beschrieben, eine negativ gefärbte, sich selbst ablehnende Identität. Alles, was dem zuwiderläuft, steht im Verdacht, das mühsam erworbene Selbstbild zu gefährden und in Frage zu stellen.

problematisches Lob

Daher stellen Lob und Anerkennung kein positives Pendant zu den bisherigen Lebenserfahrungen dar, sondern eine Gefahr, gegen die sich Kinder wie Maximilian wehren (müssen). Mehr denn das: Mit dem Selbstbild verhält es sich so, dass man es in der Regel bestätigt sehen will. Für Maximilian besteht also die geradezu notwendige Erwartung, auch von Lehrkräften und Schülern abgelehnt und abgewertet zu werden. Da diese das in der Regel nicht tun, brechen solche Schüler dann Streit vom Zaun und suchen Konflikte, um in diesen emotional aufgeladenen Situationen ihr Selbstbild zu bestätigen.

überlebens- wichtige Konflikte

Aus pädagogischer Sicht laufen Kinder wie Maximilian allen Vorstellungen von Erziehung zuwider und stellen Lehrkräfte vor eine schier unlösbare Aufgabe: Die gängigen erzieherischen Mittel wie Lob und Anerkennung erzielen negative Wirkungen, und Konflikte scheinen für die Betroffenen schier „überlebenswichtig“, was das Unterrichtsgeschehen stark beeinträchtigt. Lösen lässt sich diese Aufgabe vermutlich nur schwer oder gar nicht. Hilfreich könnte es aber sein, sich einerseits nicht in Konflikte verwickeln, nicht zum Streit „verführen“ zu lassen und eine sehr sachbezogene Begegnung mit dem Schüler zu pflegen.

Unterrichtliche Überlegungen

Wer im Unterricht eine sachorientierte Beziehung aufbauen will, muss auch in einen entsprechenden Umgang mit verbalen Beleidigungen finden, was bei Schülern wie Maximilian nicht einfach und oft nur schwer auszuhalten ist. Lassen sich Lehrkräfte von Beleidigungen treffen, so geht die aus Sicht des Schülers subjektiv notwendige, emotionale Strategie auf. Konflikte werden somit größer, die Atmosphäre in der Klasse noch schlechter und die Lehrkraft letztlich handlungsunfähiger, weil sie sich nun mit ihrer eigenen emotionalen Befindlichkeit befassen muss und durch die Beleidigungen eines solchen Schülers aus der „Aktionsecke“ in die „Reaktionsecke“ gedrängt wird. Nur was nicht trifft, trifft auch nicht zu – und wird damit auch nicht zum unterrichtssprengenden Dauerkonflikt.

nichts auf sich beziehen

Dies zieht zwei Aufgaben nach sich: zum einen, sich immer wieder klar zu werden, dass man eigentlich nicht gemeint ist, denn die ungelösten inneren Konflikte eines Schülers wie Maximilian werden von diesem zu seiner Entlastung ständig auf andere ausgelagert und übertragen. Sich dies immer wieder vor Augen zu führen, hilft, sich auch von noch so heftigen Beleidigungen nicht treffen zu lassen. Zum anderen erwartet die Klasse eine Antwort auf Beleidigungen und zwar erst recht, wenn diese der Lehrkraft gegenüber geäußert werden. Dies bedeutet, den anderen Schülern immer wieder klar machen zu müssen, dass man mit der ausgesprochenen Beleidigung nicht einverstanden ist, ohne sich in Diskussionen, Strafaktionen o. Ä. verwickeln zu lassen.

strukturelle Aspekte

Sachbezogenes Unterrichten benötigt einerseits die Kunst, sich emotional nicht „einfangen“ zu lassen, andererseits aber auch entsprechende strukturelle Momente. Die Versachlichung von Sprache, das „Aussteigen“ aus emotional schwierigen und belastenden Beziehungen gelingt mithilfe struktureller Elemente, weil sie Bezugspunkte außerhalb der Beziehung bieten, die objektiver sind als das persönlich gesprochene Wort.

Transparenz

Dazu zählen Tagesübersichten, auf die man im Laufe eines Unterrichtstages immer wieder verweisen kann, aber auch fest schematisierte Morgenkreise, Begrüßungs- und Abschiedsrituale, die immer gleich ablaufen. Übergangsrituale bei Lehrkraftwechsel tragen ebenfalls zu sachorientiertem Unterrichten bei, weil in wenigen Minuten einer ritualisierten Übergabe eine Lehrkraft der anderen Lehrkraft vor der Klasse erzählen kann, wie die Lage gerade ist, wie gearbeitet wurde, ob es Streit gab, ob dieser geklärt ist und was den Schülern in der folgenden Stunde helfen könnte. Der Vorteil dabei ist nicht nur, dass die gehende Lehrkraft das los wird, was gerade hinter ihr liegt, und die neue Lehrkraft nicht ins „kalte Wasser" einer Klasse mit einem sehr schwierigen Schüler geworfen wird, sondern dass auch die Schüler etwas sachlich über sich hören, quasi gespiegelt bekommen, ohne dass sie direkt angesprochen werden. Das indirekte Sprechen hilft, Konflikte zu vermeiden, die beim direkten Ansprechen der Schüler alte Probleme neu hochkochen lassen. Zum sachorientierten Unterricht zählen aber auch Methoden, die von der Lehrkraft als „zentraler Methode" – so wie dies beispielsweise im frontalen Unterricht der Fall ist – Abstand nehmen und andere Elemente berücksichtigen, die hoch strukturiert sind, wie z. B. die offene Wochenplanarbeit.

- Sachbezogene, wertfreie Sätze zu formulieren, ist nicht immer einfach – schon gar nicht, wenn die Situation emotional aufgeladen ist. Schreiben Sie sich relevante Sätze daher auf und üben Sie diese ein, beispielsweise: „Antwort bekommst Du, wenn Du ruhig mit mir sprichst."
- Lassen Sie sich nicht zum Streit „verführen" und nicht von Beleidigungen treffen. Formulieren Sie die Handlungskultur, für die Sie stehen – nicht mehr und nicht weniger, beispielsweise: „Ich möchte nicht, dass Du so mit mir sprichst."
- Schaffen Sie Tagesübersichten, die regelmäßig betrachtet werden und auf denen der Fortschritt durch den Tag erkennbar wird.
- Führen Sie Rituale der Verhaltensrückmeldung ein, die die Schüler in direkt statt direkt ansprechen.

- Überlegen Sie, welche Rituale Sie tatsächlich ein- und durchführen können. Ein Morgenkreis, in dem vom Wochenende erzählt wird, kann der „beste" Einstieg in heftigste Auseinandersetzungen sein, weil Schüler wie Maximilian es nicht gelten lassen können, dass Erlebtes schön war.
- Verzichten Sie nach Möglichkeit auf Bestrafung von Beleidigungen. Diese führt eher in den Konflikt, als dass sie zur Lösung beiträgt. Strafen auf

Beleidigungen werden von Schülern wie Maximilian schnell als emotionale Reaktion Ihrerseits gewertet und vergrößern Auseinandersetzungen oftmals. Bleiben Sie dabei zu sagen, was Sie wollen und was Sie nicht wollen.

- Verzichten Sie auf Verstärkerpläne. Schüler wie Maximilian haben so wenig Frustrationstoleranz, dass sie sich nicht auf solche Pläne einlassen können. Ganz im Gegenteil: Auch hier erwarten sie ihr Scheitern und werden möglicherweise sogar Verhaltensweisen zeigen, die sie darin „bestätigen“.

5 „Was mache ich, wenn …?“ – Ein Ausblick

Aus den vorangegangen Ausführungen wird deutlich, dass die Frage „Was mache ich, wenn …?“ eine berechtigte, aber bisweilen nur sehr schwer zu beantwortende Frage ist. Keinesfalls lässt sie sich grundsätzlich beantworten.

keine Rezepte

Rezepte und Techniken, die für den Einsatz im Unterricht geeignet sein sollen, um alle Probleme im Zusammenhang mit Kindern mit Verhaltensauffälligkeiten zu lösen, gibt es nicht. Das ist auch gut so, denn völlig unabhängig von Verhaltensauffälligkeiten sind alle Kinder so unterschiedlich, dass ein Rezept oder eine Technologie für alle nur scheitern kann. Die Qualität eines pädagogisch verantwortungsbewussten Unterrichts mit Kindern mit Verhaltensauffälligkeiten besteht darin, sich immer wieder neu auf den Weg zu machen und dabei zu planen, zu erproben, zu revidieren, zu reflektieren und wieder von vorne anzufangen. Es ist der „Eid des Sisyphos“ (Arnold/Arnold-Haecky 2009), den Lehrkräfte geschworen haben.

Aushalten

Im Zusammenhang mit Kindern, die durch ihr Verhalten im Unterricht auffallen, kommt noch hinzu: Neben allen Überlegungen hinsichtlich einer tragfähigen erzieherischen Haltung, hinsichtlich räumlicher und methodischer Arrangements, hinsichtlich der eingesetzten Sprache und des Bemühens um das individuelle Erleben benötigt es auch die Fähigkeit, diese Kinder „schlicht“ auszuhalten. Das bedeutet nicht, sich resigniert zurückzuziehen und sie in ihrem Verhalten gewähren zu lassen. Ganz im Gegenteil! Es meint aber auch anzuerkennen, dass sich mit noch so viel pädagogischen und didaktischen Bemühungen nicht alle Verhaltensauffälligkeiten und die sich daraus ergebenden Belastungen werden vermeiden oder beseitigen lassen. Daher ist es auf Dauer „gesünder“, sich damit zu versöhnen, dass manches ausgehalten werden muss. Angesichts der oft sehr belastenden Lebenserfahrungen, die viele der betroffenen Kinder bereits in jungen Jahren machen müssen, mag der Gedanke an diese „Versöhnungsarbeit“ etwas erträglicher erscheinen.

präventive Praxis

Für eine präventive pädagogische Praxis gilt es sicherzustellen, dass die emotionale und soziale Entwicklung von Kindern dauerhaft unterstützt wird, dass hierfür gezielte pädagogische Diagnostik eingesetzt wird, aber auch schwierige Erziehungs- und Unterrichtssituationen analysiert und alternative Gestaltungsformen von Erziehungs- und Unterrichtsprozessen entwickelt werden. Mögliche Vorschläge hierzu wurden in den Kapiteln 2 und 3 gemacht und in Kapitel 4 in Praxissituationen übertragen.

Darüber hinaus braucht es gezielte Fortbildungen zur Prävention sowie auch eine intensive Auseinandersetzung mit erzieherischen Fragen jenseits vordergründiger Vorstellungen und Moralisierungen.

Nicht zuletzt spielt die Zusammenarbeit mit den Eltern eine besondere Rolle, auch im Hinblick auf eine gezielte Beratung, was oft eine zusätzliche, bisweilen die größte Herausforderung darstellt.

Unterstützung durch Vernetzung

Für die sich weiter entwickelnde inklusive Praxis in Grundschulen gilt es im Hinblick auf Kinder mit Verhaltensauffälligkeiten, kooperative Unterstützungskonzepte zu entwickeln, auszubauen und auf ihre Wirksamkeit hin zu befragen. Besonders wichtig sind dabei Fragen nach der Individualisierung von Lernprozessen und der Durchführung besonderer Fördermaßnahmen. Dazu gehört auch die Entwicklung tragfähiger Schulprogramme für eine Heterogenität implizierende Schulkultur über den Unterricht der einzelnen Lehrkraft hinaus.

Des Weiteren gilt es, die Kooperation mit außerschulischen Systemen, die Vernetzung individueller Hilfen sowie eine nachgehende Betreuung von Kindern mit zu realisieren. Eine besondere Bedeutung kommt dabei sonderpädagogischen Stützsystemen zu, die Expertise im Bereich Erziehungshilfe aufweisen.

die eigene Person

Nicht zuletzt bedarf es einer intensiven Auseinandersetzung mit der eigenen Person und dem eigenen Verständnis der Rolle als Lehrkraft. Kinder mit Verhaltensauffälligkeiten sind dabei auch eine Anfrage, sich immer wieder neu sich selbst zu stellen, lange Vertrautes und scheinbare Gewissheiten über Bord zu werfen und sich als Anwalt von Kindern zu sehen, denen das Leben meist schwer zusetzt – eine Aufgabe, die sich bei allen Belastungen auch mit großer Freude erfüllen lässt.

Literatur

Ahrbeck, B. (2011): Der Umgang mit Behinderung. Kohlhammer, Stuttgart

Aichhorn, A. (1977): Verwahrloste Jugend. Die Psychoanalyse in der Fürsorgeerziehung. Hans Huber, Bern

Ainsworth, M., Salter, D. (1978): Patterns of attachment: a Psychological Study of the Strange Situation. Erlbaum, Hillsdale

Akila, R. (2011): A Trigger for Change in Primary Education. An Evaluation of ABL in Tamil Nadu, 2009. Evaluation Commissioned by Government of Tamil Nadu and Conducted in Cooperation with SSA, Tamil Nadu, Chennai

Arnold, R., Arnold-Haecky, B. (2009): Der Eid des Sisyphos. Eine Einführung in die Systemische Pädagogik. Schneider, Hohengehren

Aronson, E. (1978): The Jigsaw Classroom. Sage, Beverly Hills

Bauman, Z. (2005): Verworfenes Leben. Hamburger Edition, Hamburg

Bettelheim, B. (2007): Liebe allein genügt nicht. Die Erziehung emotional gestörter Kinder. Klett Cotta, Stuttgart

Bettelheim, B. (1978): Der Weg aus dem Labyrinth. Ullstein, Stuttgart

Beyer, C., Strobl, C., Müller, T. (2016): „Hier kommste nicht raus". Geschlossener Jugendwerkhof Torgau: Endpunkt erzieherischer Willkür der SED gegenüber verhaltensabweichenden Jugendlichen. Schneider, Hohengehren

Bowlby, J. (2016): Frühe Bindung und kindliche Entwicklung. 7. Aufl. Ernst Reinhardt, München / Basel

Brüning, L., Saum, T. (2008, 2009): Erfolgreich unterrichten durch Kooperatives Lernen. Band 1 und 2. nds-Verlag, Essen

Bude, H. (2008): Die Ausgeschlossenen. Das Ende vom Traum einer gerechten Gesellschaft. Bundeszentrale für politische Bildung, Bonn

Bude, H., Willisch, A. (Hrsg.) (2006): Das Problem der Exklusion. Ausgegrenzte, Entbehrliche, Überflüssige. Hamburger Edition, Hamburg

Crittenden, P. (1995): Attachment and psychopathology. In: Goldberg, S., Muir, R., Kerr, J. (Eds.): John Bowlby's Attachment Theory: Historical, Clinical and Social Significance. Analytical Press, New York, 367 – 406

Dauber, H. (2012): Ungewissheitstoleranz als neue ‚Schattenkompetenz'. Brauchen wir ein ‚Recht auf Inkompetenz?' Bewusstseinswissenschaften, 18 (2), 223 – 238

Evertson, C. (2006): Handbook of Classroom Management: Research, Practice, and Contemporary Issues. Routledge, New York

Faustlos, Heidelberger Präventionszentrum (2017): Faustlos. In: www.faustlos.de, 26.04.2018

Frances, A. (2014): Normal! Gegen die Inflation psychiatrischer Diagnosen. Dumont Buchverlag, Köln

Gasteiger-Klicpera, B., Klein, G. (2016): Das Friedenstifter-Training. Ernst Reinhardt, München / Basel

Geddes, H. (2006): Attachment in the Classroom: A Practical Guide for Schools. Worth Publishing, Duffield

Girg, R., Lichtinger, U., Müller, T. (2012): Lernen mit Lernleitern. Unterrichten mit der MultiGradeMultiLevel-Methodology. Prolog, Immenhausen bei Kassel

Göppel, R. (1989): „Der Friederich, der Friederich ...“ Das Bild des „schwierigen Kindes“ in der Pädagogik des 19. und 20. Jahrhunderts. Edition bentheim, Würzburg

Grossmann-Hensel, K. (2016): Eltern richtig erziehen. Anette Betz-Ueberreuter, Berlin

Hafeneger, B. (2013): Beschimpfen, bloßstellen, erniedrigen. Brandes und Apsel, Frankfurt a. M.

Hentig, H. v. (2006): Bewährung. Von der nützlichen Erfahrung, nützlich zu sein. Hanser, München

Hillenbrand, C. (2011): Didaktik bei Unterrichts- und Verhaltensstörungen. 3. Aufl. Ernst Reinhardt, München / Basel

Hillenbrand, C., Hennemann, T., Hens, S., Hövel, D. (2015): Lubo aus dem All! – 1. und 2. Klasse. 3. Aufl. Ernst Reinhardt, München / Basel

Hillenbrand, C., Hennemann, T., Schell, A. (2016): Lubo aus dem All! – Vorschule. 2. Aufl. Ernst Reinhardt, München / Basel

Hölling, H., Erhart, M., Ravens-Sieberer, U., Schlack, R. (2008): Verhaltensauffälligkeiten bei Kindern und Jugendlichen. Erste Ergebnisse aus dem Kinder- und Jugendgesundheitssurvey (KiGGS). Bundesgesundheitsblatt – Gesundheitsforschung – Gesundheitsschutz 5 / 6, 784 – 793

Ihle, W., Esser, G. (2008): Epidemiologie psychischer Störungen des Kindes- und Jugendalters. In: Gasteiger-Klicpera, B., Julius, H., Klicpera, C. (Hrsg.): Sonderpädagogik der sozialen und emotionalen Entwicklung. Hogrefe, Göttingen, 49 – 62

Ihle, W., Esser, G. (2002): Epidemiologie psychischer Störungen im Kindes- und Jugendalter: Prävalenz, Verlauf, Komorbidität und Geschlechtsunterschiede. In: Psychologische Rundschau 53 (4), 159 – 169

Jäckle, M. (2017): Zur Topographie der Vulnerabilität. In: Jäckle, M., Wuttig, B., Fuchs, Ch. (Hrsg.): Handbuch Trauma Pädagogik Schule. transcript, Bielefeld, 436 – 460

Jefferys-Duden, K. (2008): Das Streitschlichter-Programm. Beltz, Weinheim

Johnson, D., Johnson, R., Johnson Holubec, E. (1994): Cooperative Learning in the Classroom. Association for Supervision & Curriculum Deve, Alexandria (VA)

Jungmann, T., Reichenbach, Ch.(2016): Bindungstheorie und pädagogisches Handeln. verlag modernes lernen. Borgmann, Dortmund

Kahl, R. (2011): Individualisierung. Das Geheimnis guter Schulen. Beltz, Weinheim

KMK (2016): Sonderpädagogische Förderung in allgemeinen Schulen (ohne Förderschulen). In: www.kmk.org/fileadmin/Dateien/pdf/Statistik/Dokumentationen/Aus_SoPae_Int_2015.pdf, 25.01.2018

Köhler-Saretzki, T. (2017): Wo ist Wilma? Ein Bilderbuch über Bindungsmuster. BALANCE buch + medien, Köln

Kounin, J. (2006): Techniken der Klassenführung. Waxmann, Münster

Kühn, R. (1999): Un-humanistische Denkweisen. Ansätze zur Überwindung des pädagogischen Humanismus bei Buber, Lévinas, Ballauff und Schaller. Schneider, Hohengehren

Labor Ateliergemeinschaft (2017): Ich so du so. Alles super normal. Beltz, Weinheim

Lichtinger, U., Hölderich, A. (2016): Buchstabenberge – Gesamtset. S. Roderer, Regensburg

Mollet, B. (2012a): Einfühlsam statt gewaltsam. Sachanalysen und didaktische Überlegungen. Band 1. Schneider, Hohengehren

Mollet, B. (2012b): Einfühlsam statt gewaltsam. Arbeitsblätter. Band 2. Schneider, Hohengehren

Müller, T. (2017): „Ich kann niemandem mehr vertrauen“ Konzepte von Vertrauen und ihre Relevanz für die Pädagogik bei Verhaltensstörungen. Klinkhardt, Bad Heilbrunn

Müller, T. (2008): Innere Armut. Kinder und Jugendliche zwischen Mangel und Überfluss. VS, Wiesbaden

Müller, T., Lichtinger U., Girg, R. (2015): The MultiGradeMultiLevel-Methodology and its Global Significance. Ladders of Learning – Scientific Horizons – Teacher Education. Prolog, Immenhausen near Kassel

Müller, T., Temper, A. (2018): Pädagogisch arbeiten mit Bilderbüchern. Ernst Reinhardt, München / Basel

Nolting, H.-P. (2007): Störungen in der Schulklasse. Ein Leitfaden zur Vorbeugung und Konfliktlösung. Beltz, Weinheim

Opp, G., Fingerle, M. (2008) (Hrsg.): Was Kinder stärkt. 3. Aufl. Ernst Reinhardt, München / Basel

Opp, G., Unger, N. (2006): Kinder stärken Kinder. edition Körber-Stiftung, Hamburg

Petermann, F., Jugert, G., Tänzer, U., Verbeek, D. (2012): Sozialtraining in der Schule. Beltz, Weinheim

Reckahner Reflexionen: Zur Ethik pädagogischer Beziehungen. In: www.institut-fuer-menschenrechte.de/fileadmin/user_upload/PDF-Dateien/Reckahner_Reflexionen/Plakat_Reckahner_Reflektionen.pdf, 29.01.2018

Redl, F., Wineman, D. (1970): Kinder, die hassen: Fehlfunktionen des Ich bei milieugeschädigten Kindern. Lambertus, Freiburg i. Br.

Rishi Valley Institute for Educational Resources (o. J.): Ladder of Learning. Mathematics, class 4. Rishi Valley

Schnur, S., Müller, T. (2013): Elemente der MultiGradeMultiLevel-Methodology. Möglichkeiten und Grenzen für den Unterricht mit verhaltensauffälligen Kindern. edition freisleben, Rimpar

Schumacher, G. (1979): Der durchstrukturierte Klassenraum. Carl Marhold, Berlin

Skinner, B. (1973): Wissenschaft und menschliches Verhalten. Kindler, München

Slavin, R. (1986): Ability Grouping and Student Achievement in Elementary Schools: A Best-Evidence Synthesis. Report No. 1. In: https://files.eric.ed.gov/fulltext/ED348174.pdf, 06.02.2018

Speck, O. (1997): Chaos und Autonomie in der Erziehung. Ernst Reinhardt, München / Basel

Stein, R. (2017): Grundwissen Verhaltensstörungen. Schneider, Hohengehren

Stein, R., Stein, A. (2014): Unterricht bei Verhaltensstörungen. Klinkhardt, Bad Heilbrunn

Stevens, R., Madden, N., Slavin, R., Farnish, A. (1987): Cooperative Integrated Reading and Composition: Two Field Experiments. Report No. 10. In: https://files.eric.ed.gov/fulltext/ED291075.pdf, 06.02.2018

Teampinboard: Das TeamPinBoard von G. Kleindiek. In: www.teampinboard.de, 25.04.2018

Willmann, M. (2012): De-Psychologisierung und Professionalisierung in der Sonderpädagogik. Kritik und Perspektiven einer Pädagogik für „schwierige Kinder“. Ernst Reinhardt, München / Basel

Sachregister